I0841278

# El Secreto de Los Países Exitosos:

## La Estrategia de Desarrollo Secuencial Industrial (DSI)

Por Daniel Cruz

«Trabajar con amor es construir una casa con cariño, como si vuestro ser
amado fuera a habitar en esa casa.»

*-Kahlil Gibrán*

# Contenidos

# Introducción

## El panorama económico de América Latina

En la vasta extensión de nuestro continente compartido, donde los Andes besan los cielos y el Amazonas teje historias más antiguas que la propia civilización, nos encontramos al borde de una decisión: una elección para transformar nuestro destino.

América Latina, con su rico tapiz de culturas, danzas vibrantes y una historia que podría rivalizar con las epopeyas, está al borde de un momento que definirá una era.

¡Ah, América Latina! Un lugar donde la pasión es el pan de cada día, donde cada rincón lleva el ritmo de un tango y donde la política suele ser, para bien o para mal, más emocionante que una novela de García Márquez. Contamos con paisajes con los que sueñan los poetas y ciudades que palpitan con un vigor inquebrantable.

Sin embargo, con todo nuestro fervor y riqueza, ¿por qué nuestra canción económica a menudo parece un vals vacilante en lugar de una samba rugiente?

La verdad es que nuestro panorama económico ha sido un relato laberíntico, digno de una trama de Alexandre Dumas. Hemos bailado al borde del progreso, a menudo burlados por los astutos escollos de la historia y, a veces, tropezados con nuestros propios pies. Así como Los Tres Mosqueteros en noches oscuras, nosotros también hemos perseguido a veces ilusiones, confundiéndolas con progreso.

*Pero esta narrativa no es de desesperación. Lejos de ello. Es una de despertar.*

Un despertar a la idea de que nuestra salvación no está en imitar al lejano Norte o al Lejano Oriente, sino en comprender y aprovechar la cadencia única de los latidos de nuestro corazón.

Es darnos cuenta de que nuestra fuerza no reside sólo en los ecos de nuestro pasado, sino en la promesa de nuestro futuro.

Mi objetivo es ser su guía, no como un mesías sino como un compañero de viaje, alguien que ha reflexionado profundamente sobre nuestros desafíos compartidos y tal vez haya discernido un atisbo del camino que tenemos por delante.

Alegremente les presento una visión, arraigada no en la grandiosidad sino en las realidades del terreno, una visión forjada a partir del fuego de nuestra historia compartida y nuestras aspiraciones colectivas.

Este no es sólo un libro; es una invitación. Una invitación a recorrer los sinuosos caminos de nuestro pasado económico, a comprender las encrucijadas en las que nos encontramos hoy y a soñar, juntos, con los caminos que aún podríamos recorrer.

Al final, espero haber compartido no sólo una estrategia sino un sentimiento, una esperanza, una creencia. La creencia de que los mejores capítulos de América Latina no están atrás sino adelante, esperando ser escritos, no por salvadores solitarios sino por todos nosotros, juntos.

Como podría aconsejarnos el Capitán Disko Troop, del majestuoso libro *Capitanes Intrépidos* del magistral Rudyard Kipling:

*"Para navegar en los mares tormentosos de la economía, no sólo se necesita un buen barco, sino también la mejor tripulación"*.

Entonces, querido lector, zarpemos.

# Capítulo 1:

# El telón de fondo

**Capítulo 1.1:**

# Contexto histórico del desarrollo económico

El sinuoso viaje del desarrollo económico de América Latina es similar a la fascinante danza de nuestras tradiciones folclóricas: una danza llena de pasión, fervor y un espíritu indomable. Y como ocurre con cualquier danza, para apreciar verdaderamente su esencia, hay que comprender sus orígenes, las historias que dieron forma a su ritmo y el contexto histórico que ha definido sus movimientos.

**Una época antes de las fronteras:**

Antes de que las líneas entintadas de las fronteras modernas y los nombres de las naciones actuales fueran grabados en los mapas, nuestras tierras prosperaban con civilizaciones antiguas. Los mayas con sus maravillas astronómicas, los incas con sus intrincados sistemas de carreteras y los aztecas con sus ciudades monumentales. Se trataba de sociedades que entendían la esencia de las economías organizadas, el comercio y el bienestar social.

**La llegada de los conquistadores:**

Con velas ondeando y acero brillando bajo el sol, los siglos XV y XVI trajeron a nuestras costas a exploradores europeos. Y con ellos llegaron no sólo nuevos bienes, culturas e ideas, sino también una perturbación de los sistemas económicos autóctonos. Las economías basadas en la extracción echaron raíces, dando prioridad a los metales preciosos y las materias primas para el Viejo Mundo. Y mientras el oro y la plata cruzaban el Atlántico, también fluía la sangre, el sudor y las lágrimas de nuestros pueblos indígenas y también migrantes.

## Independencia y búsqueda de identidad económica:

Los gritos de libertad en el siglo XIX no fueron sólo un clamor por autonomía política, sino también un anhelo de autodeterminación económica. A medida que surgieron nuevas naciones de las cenizas del dominio colonial, también surgió la búsqueda de una identidad económica. Pero las cadenas del pasado eran difíciles de romper. Persistieron los viejos modelos, con las economías atadas a unos pocos productos básicos clave.

## El siglo XX: tiempos de turbulencia y transición:

Un período de oscilación entre políticas proteccionistas y reformas de libre mercado. A medida que la economía global cambió y evolucionó, también lo hicieron las estrategias de América Latina. Algunos países, impulsados por el auge de las materias primas, experimentaron décadas de crecimiento. Otros se enfrentaron a crisis de deuda e hiperinflación. A pesar de todo, había una búsqueda en marcha: ¿cómo traducir el crecimiento fugaz en desarrollo sostenido?

## Lecciones de nuestro tapiz compartido:

La historia no es sólo un registro; es un depósito de lecciones.

Nos enseña que el desarrollo económico no es una receta única para todos. Es un proceso dinámico, profundamente entrelazado con nuestro tejido cultural, político y social único.

Entonces, ¿qué significa todo esto para usted, el lector, el ciudadano, el corazón y el alma de América Latina? Es un llamado a la acción. Un llamado a reconocer el poder de la memoria colectiva y la fuerza que surge de comprender nuestro camino compartido. Para inspirarte a mirar más allá del horizonte, a soñar en grande, pero más importante aún, a actuar. Hacer que nuestros líderes electos rindan cuentas, para garantizar que la danza de nuestro futuro económico resuene con los sueños y aspiraciones de todo nuestro pueblo.

6

Porque, en esencia, el desarrollo económico no se trata sólo de números y gráficos. Se trata de personas. Se trata de ti y de mí. Se trata de crear una sociedad donde cada niño pueda soñar, cada joven pueda aspirar y cada anciano pueda recordar con orgullo.

Nuestra historia ha preparado el escenario, querido lector.

*Ahora es nuestro momento de bailar.*

## Capítulo 1.2:

# Los enigmas de las economías latinoamericanas

La belleza de América Latina es tan encantadora como sus complejidades. Más allá de los fervientes ritmos de nuestra música y la vitalidad de nuestras culturas, se esconde una miríada de enigmas económicos que han desconcertado tanto a los responsables políticos como a los académicos. Como los patrones de tejido de un tapiz, nuestras economías están llenas de nudos y bucles, entrelazados por decisiones e ideologías del pasado.

### Una melodía de ricos recursos:

La naturaleza bendijo a América Latina con abundantes recursos: minerales, suelos fértiles, bosques densos y extensas costas. Naturalmente, semejante cornucopia debería haber allanado el camino hacia la prosperidad. Pero, irónicamente, nuestras riquezas a menudo se convirtieron en nuestra pesadilla. El enigma reside en la explotación y mala gestión de estos recursos, en lugar de aprovecharlos para el bien colectivo.

### Las sombras de la ideología:

Las ideologías políticas han representado un melodrama en el teatro de las políticas económicas latinoamericanas. Desde fervientes políticas nacionalistas hasta reformas neoliberales de libre mercado, nuestras economías han sido arrastradas, arrastradas y, a veces, desgarradas en diferentes direcciones.

Y en estos tira y afloja ideológicos, lo que a menudo se pasó por alto fue el pragmatismo.

La ideología, cuando se coloca en un pedestal por encima del bienestar de las personas, se vuelve nefasta. Enceguece a los formuladores de políticas, obligándoles a priorizar los ideales sobre las realidades, los dogmas sobre el pan de cada día de la población. En este choque, el hombre común suele ser el más afectado por los experimentos económicos impulsados por el fervor ideológico.

## Incompetencia, el saboteador silencioso:

Es fácil echarles la culpa a factores externos, a los cambios del mercado global o al legado del colonialismo.

Si bien estos desempeñan su papel, debemos abordar introspectivamente el elefante en la habitación: la incompetencia. La incapacidad para ejecutar planes bien pensados, la miopía en la formulación de políticas, la falta de adaptabilidad a escenarios cambiantes y, a veces, la pura negligencia.

La incompetencia, en la mayoría de los casos, surge de la falta de experiencia y de la ausencia de un sistema meritocrático.

Cuando los puestos de planificación económica y ejecución de políticas se entregan como favores políticos en lugar de basarse en la capacidad, el resultado es un barco con timón, pero sin un marinero experimentado que lo gobierne.

## El espejismo de las soluciones rápidas:

Ante las crisis económicas, América Latina a menudo buscó refugio en soluciones rápidas, ya sea en forma de préstamos extranjeros, privatizaciones rápidas o liberalizaciones abruptas de los mercados.

Pero sin abordar las cuestiones fundamentales, estas fueron meras curitas para heridas profundamente arraigadas.

## Resolver el enigma:

El camino para resolver los enigmas de nuestras economías no es corto ni fácil. Exige reconocimiento de los errores del pasado, voluntad de aprender de ellos y audacia para recorrer nuevos caminos. Sobre todo, exige un liderazgo que dé prioridad al bien colectivo por encima de los beneficios individuales o ideológicos.

Como guardianes del destino de América Latina, nos corresponde a nosotros –su gente– exigir competencia, dejar de lado las ideologías divisivas y dar forma a un futuro construido sobre el pragmatismo, la experiencia y un enfoque inquebrantable en el bienestar de todos.

Porque en la solución de estos enigmas reside no sólo la promesa de prosperidad económica, sino el sueño de una América Latina que se mantenga erguida, orgullosa y resuelta en el escenario global.

## Capítulo 1.3:

# Vislumbres de los milagros asiáticos: Singapur, China, Corea del Sur, Japón

Los tigres asiáticos –Singapur, China, Corea del Sur y Japón– no son meros mitos en los anales de la historia económica mundial. Se erigen como faros brillantes, un testimonio de lo que las estrategias económicas enfocadas, el liderazgo guiado y la resolución colectiva pueden lograr en un lapso de tiempo relativamente corto. Pero la pregunta del millón que ha intrigado a académicos, formuladores de políticas y entusiastas por igual es: ¿Qué los hizo rugir mientras otros simplemente gemían? ¿Fue cultura? ¿O fue algo más tangible?

### ¿Fundamentos culturales o excusa conveniente?

Es tentador, y de hecho simplista, atribuir el rápido ascenso de los tigres asiáticos únicamente a factores culturales.

Los argumentos comunes apuntan a los valores confucianos de trabajo duro, disciplina, respeto por la autoridad y énfasis en la educación. América Latina, con su rico tapiz de culturas indígenas, legados coloniales ibéricos y entusiasmo por la vida, a menudo se considera un marcado contraste.

Pero afirmar que el espíritu de "fiesta" o " mañana " frena a América Latina, mientras que el espíritu de la disciplina confuciana impulsa a Asia hacia adelante, es caminar sobre hielo fino.

Estos argumentos rayan en los estereotipos y a menudo desestiman las intrincadas complejidades de ambas regiones.

## El poder meritocrático de los tigres asiáticos:

Lo que realmente distinguió a los tigres asiáticos no fue sólo la cultura, sino la implementación sistemática de principios meritocráticos en la gobernanza y la administración. Reconocieron que para que una nación prospere, debe dar lo mejor de sí y ese pie debe ser elegido en función del mérito, no del linaje, el favoritismo o la lealtad política.

El riguroso proceso de selección y capacitación de sus burócratas en Singapur, la búsqueda incesante de China por el desarrollo de infraestructura, el énfasis de Corea del Sur en la educación y la tecnología y el enfoque de Japón en la innovación, todos estuvieron respaldados por un espíritu meritocrático.

## Educación: el pilar del progreso:

Si bien los argumentos culturales resaltan la reverencia asiática por la educación, lo que realmente marcó la diferencia fue la inversión real y la renovación de los sistemas educativos. Corea del Sur, por ejemplo, transformó su panorama educativo, centrándose en la calidad, la relevancia y el acceso, lo que generó una fuerza laboral altamente calificada y lista para aceptar los desafíos de una economía moderna.

## El papel del liderazgo visionario:

Cada una de estas potencias asiáticas tenía líderes que no eran sólo administradores sino visionarios.

Desde Lee Kuan Yew en Singapur hasta Deng Xiaoping en China, estos líderes tuvieron la previsión de trazar estrategias a largo plazo, sin dejarse llevar por logros políticos a corto plazo. Sus políticas estaban arraigadas en el pragmatismo y sus modelos de gobernanza eran adaptables y aprendían tanto de los éxitos como de los fracasos.

## Lecciones para América Latina:

Atribuir el éxito de los Tigres Asiáticos únicamente a factores culturales no es sólo reduccionista sino también un flaco favor a la meticulosa planificación, ejecución y adaptabilidad que demostraron estas naciones.

Es un llamado de atención para que América Latina haga introspección, supere la conveniente excusa de la diferencia cultural y abrace las fortalezas tangibles de la meritocracia, el liderazgo visionario y la gobernanza pragmática.

En esencia, si bien los vientos de la cultura pueden hinchar nuestras velas, es el timón de una gobernanza eficaz, elegida según el mérito y dirigida con visión, lo que realmente determina nuestra dirección.

Para que América Latina encienda su propio milagro económico, es este timón el que debemos agarrar, perfeccionar y dirigir con determinación inquebrantable.

# Capítulo 2:

# Redescubriendo la receta secreta

## Capítulo 2.1:

# La revolución industrial original: una descripción general

En las verdes praderas de la historia, donde las historias de ambición y esfuerzo humanos se tejen con hilos dorados, se encuentra una saga, una saga tan monumental como las antiguas piedras druídicas que salpican las tierras celtas.

Esta es la historia de la Revolución Industrial Original.

### *The Whispering Woods:*

Antes del ruido metálico de la maquinaria y el silbido de las máquinas de vapor, el mundo estaba atrapado en un sueño milenario.

Las aldeas no eran más que grupos de tejados de paja, y las ciudades, aunque bulliciosas, tenían un alcance y una visión limitados. Pero, al igual que el murmullo de los árboles centenarios en los místicos bosques celtas, comenzaron los susurros de un cambio que se avecinaba en el horizonte.

### La profecía de la transformación:

Los druidas, los sabios videntes de la antigüedad, podrían haber mirado dentro de sus estanques sagrados y previsto un futuro en el que el hombre aprovecharía los elementos, no a través de la magia, sino a través de la innovación.

En sus profecías, el hierro daría vida, el agua desafiaría su curso y el mismo aire sería domesticado para transportar voces a través de grandes distancias.

## El amanecer de una nueva era:

Cuando salió el sol del siglo XVIII, Gran Bretaña se convirtió en el caldero donde comenzó la alquimia del progreso. La simple rueca, que alguna vez fue compañera de los cuentos junto al hogar, evolucionó hasta convertirse en la hiladora. Los telares, que ya no eran sólo artículos para el hogar, se volvieron colosales e intrincados, tejiendo no sólo telas sino el tejido mismo de un mundo nuevo.

## La canción del vapor y el hierro:

Luego llegó la era del vapor, una fuerza tan formidable como cualquier deidad antigua. La máquina de vapor, con su rítmico resoplido y su eructo de humo, era el dragón que la humanidad había domesticado. Rieles de hierro atravesaban las tierras y en las praderas, antes silenciosas, resonaban los silbidos de las locomotoras, heraldos del cambio.

## El pueblo celta y sus maravillas:

En nuestro cuento celta, uno podría imaginar al pueblo celta, con ojos brillantes, maravillándose ante estos inventos. Quizás vieron parentesco en los innovadores de la época, como James Watt, George Stephenson y Richard Arkwright. Estos pioneros, con su espíritu indomable, bien podrían haber sido héroes de la tradición, forjando no espadas sino un futuro.

## Un tapiz de progreso:

A medida que las minas de carbón se profundizaban y las fábricas alcanzaban el cielo, la sociedad se transformaba. Las ciudades se expandieron, el intercambio de ideas se hizo más rápido y los horizontes se ampliaron. El mundo se encogió y los sueños crecieron. Desde los astilleros de Glasgow hasta las fábricas de algodón de Manchester, se estaba tejiendo un tapiz de progreso, intrincado y robusto.

# El legado de la revolución:

La Revolución Industrial original no fue un mero cambio; fue una metamorfosis. Redefinió fronteras, reformó sociedades y reavivó el antiguo espíritu humano de descubrimiento y ambición.

Al igual que los cuentos legendarios del Rey Arturo o las reflexiones poéticas de Taliesin, la Revolución Industrial se convirtió en una piedra angular de la historia humana, un capítulo donde la magia y la realidad se entrelazaron.

En este viaje inspirador, hay una lección para todas las épocas y países: que cuando la visión, el ingenio y la determinación se unen, nacen revoluciones y se crean leyendas.

## Capítulo 2.2:

# Mercados masivos: los héroes anónimos

Las mejores historias suelen ser las de héroes anónimos: esas fuerzas silenciosas que dan forma a destinos y redefinen épocas sin jamás ser el centro de atención. En la historia de las revoluciones industriales, mientras muchos alaban las máquinas de vapor, las fábricas amenazadoras y los inventores intrépidos, existe una fuerza silenciosa: los mercados de masas. El latido del corazón de cada revolución, el mismo salvavidas que corre por las venas de las naciones industrializadas, pero que a menudo se pasa por alto.

### La sinfonía de la demanda:

Cada invención, cada producto, cada servicio surgido de la innovación requiere una audiencia, una población ansiosa por participar, utilizar y beneficiarse. Esta demanda colectiva, esta sinfonía de necesidades y deseos, crea el mercado de masas: el teatro donde productores y consumidores bailan al ritmo del comercio.

### Pymes: los centinelas incondicionales:

En este vasto teatro, el foco de atención a menudo se centra en las grandes corporaciones con su imponente presencia.

Pero acechando en las sombras, impulsando las economías y a menudo formando la mayoría están las Micro, Pequeñas y Medianas Empresas (MIPYME).

Estas empresas, con su agilidad, adaptabilidad y raíces locales, forman la columna vertebral de las naciones industrializadas.

Resuenan con las necesidades locales, se adaptan a microcambios y atienden nichos que las corporaciones colosales a menudo pasan por alto.

### El papel crucial del Estado:

¿Pero cómo prosperan estas MIPYME? ¿Cómo florecen estos mercados? El corporativismo del laissez-faire podría predicar el dogma de los mercados sin restricciones, pero la historia y la prudencia cuentan una historia diferente.

La creación de mercados impulsada por el Estado ha sido un eje en la configuración de economías sólidas.

Cuando el Estado se convierte en el jardinero, que cuida el suelo, proporciona el entorno adecuado y protege de las plagas, las semillas de las MIPYME realmente pueden brotar y florecer.

### Más allá de la infraestructura:

La intervención estatal va más allá de las meras carreteras y puentes. Se extiende a políticas que facilitan a las MIPYME, ofreciéndoles crédito, protegiéndolas de la competencia indebida y fomentando la innovación.

Al establecer instituciones educativas, centros de investigación y ofrecer incentivos para la innovación, los estados pueden proporcionar un terreno fértil donde las MIPYME prosperen.

### Una advertencia sobre el laissez-faire:

Si bien el atractivo de la economía del laissez-faire, con su promesa de crecimiento sin obstáculos y autorregulación, es tentador, sus deficiencias son evidentes.

Las disparidades económicas, la especulación a corto plazo y el abandono del medio ambiente son sólo algunos de los peligros. Una sociedad impulsada únicamente por intereses corporativos corre el riesgo de dejar de lado a su núcleo: *el pueblo*.

24

## La armonía del Estado y el comercio:

Para una verdadera sinfonía de crecimiento, el Estado y el comercio deben fusionarse en armonía. El Estado prepara el escenario, establece las reglas y garantiza el juego limpio.

En este entorno, las pymes, los héroes anónimos de nuestras historias económicas, desempeñan su papel, impulsando la innovación, proporcionando empleo y garantizando una economía diversificada y resiliente.

Mientras las naciones aspiran a escribir sus historias de éxito industrial, es imperativo reconocer y defender el papel de los mercados masivos y las MIPYME.

Al alejarse del corporativismo ciego y adoptar una perspectiva de creación de mercados impulsada por el Estado, las sociedades pueden crear sinfonías de crecimiento sostenible y prosperidad compartida.

## Capítulo 2.3:

# El papel de la estabilidad política y la confianza social

En los anales de la historia, las naciones han ascendido y caído no sólo gracias a la fuerza de sus ejércitos o la riqueza de sus arcas, sino también a la base de la estabilidad política y al pegamento cohesivo de la confianza social.

Éste, más que cualquier otro factor, ha sido el determinante del éxito o el fracaso en el ámbito del desarrollo económico.

Es con el corazón apesadumbrado y una mirada severa que dirigimos nuestra atención al panorama de América Latina, una región de potencial ilimitado, pero perennemente paralizada por la turbulencia de su panorama político.

### Estabilidad política: la condición sine qua non del progreso:

Para que una economía florezca, los inversores, tanto nacionales como internacionales, necesitan previsibilidad. Necesitan tener la seguridad de que el suelo bajo sus pies no se moverá de la noche a la mañana.

Las empresas deben estar seguras de que los contratos se cumplirán, que las leyes no cambiarán caprichosamente y que los beneficios que tanto les costó ganar no serán despojados por los caprichos de las mareas políticas.

### Confianza social: el tejido invisible de las sociedades:

Más allá de los espacios de gobierno, son las calles, los hogares y los mercados donde realmente late el pulso de una nación. Aquí la confianza juega un papel indispensable.

Cuando los ciudadanos confían unos en otros, las transacciones son más fluidas, las colaboraciones son más frecuentes y la innovación prospera. Cuando confían en su gobierno, pagan impuestos, siguen las regulaciones e invierten en el futuro de su nación.

## La traición de América Latina:

Es un reconocimiento doloroso, pero el liderazgo político en América Latina, durante la mayor parte del siglo XX, ha desempeñado un papel grave en el retraso de su progreso.

Salpicado de golpes de estado, cambios de régimen y movimientos populistas, el escenario político ha sido un teatro de inestabilidad. ¿El costo? Estancamiento económico, potencial no realizado y desilusión de su gente. En lugar de administradores de la confianza pública, demasiados líderes han actuado como potentados egoístas, buscando ganancias personales por encima de la prosperidad nacional.

Esta traición, este abuso de confianza, no sólo ha dejado cicatrices en las economías, sino que ha erosionado el propio tejido social, generando escepticismo y cinismo a su paso.

## El llamado de clarín a la meritocracia:

El futuro no tiene por qué reflejar el pasado. Pero para que eso suceda, América Latina necesita un cambio radical en su trayectoria histórica. No se trata sólo de cambiar un líder por otro, sino de instituir una reforma sistémica en la que el liderazgo sea producto del mérito, no del nepotismo o la demagogia.

Los puestos políticos no deberían ser el botín de las luchas de poder, sino la responsabilidad de los más capaces. Un verdadero sistema meritocrático exige estándares rigurosos, una rendición de cuentas inquebrantable y un compromiso con el bien público por encima del engrandecimiento personal.

## Una advertencia y una súplica:

Para los ciudadanos de América Latina, ha llegado el momento y la necesidad es urgente. La región se encuentra en una encrucijada: un camino conduce a perpetuar un ciclo de incompetencia y decepción, y el otro, aunque desafiante, conduce a un renacimiento, a un renacimiento.

La región requiere un nuevo cuadro de líderes: personas llenas de integridad, equipadas con conocimientos e impulsadas por un deseo genuino de servir. No se trata sólo de elegir funcionarios; se trata de erigir un nuevo espíritu de gobernanza.

Si América Latina quiere realizar su vasto potencial, su población debe exigir más de sus líderes y de sí misma. Soplan vientos de cambio; es hora de zarpar en las mareas de la meritocracia y la confianza.

29

# Capítulo 3:

# La Estrategia de Desarrollo Secuencial Industrial (DSI)

## Capítulo 3.1:

# La Génesis de DSI

Cuando amanece sobre los extensos paisajes de América Latina, pinta un cuadro de campos verdes, vastos huertos y comunidades profundamente arraigadas en los ritmos del suelo.

Esta visión bucólica, sin embargo, no es sólo un testimonio del rico patrimonio agrícola de la región, sino también un emblema de su situación económica actual. A pesar de haber sido bendecidas con terrenos diversos y fértiles, muchas naciones pequeñas de América Latina siguen atrapadas en la etapa de producción agraria, negociando su potencial por una miseria.

Los productos simples y crudos, aunque producidos con sudor, trabajo y amor, alcanzan precios que contradicen su verdadero valor en el escenario internacional. La tierra y su gente, ambos rebosantes de potencial, están atrapados en un atolladero económico, cuyo centro es la subvaluada exportación de materias primas.

### La necesidad de una transición:

El desafío que enfrentan estas naciones no es sólo aumentar los rendimientos o encontrar más mercados, sino también elevar la esencia misma de sus productos. La transición de la etapa agraria a una etapa de mercado proto-industrial no sólo es deseable, sino imperativa.

Así entra en escena la estrategia de *Desarrollo Secuencial Industrial (DSI)*, un faro para las naciones listas para orientar sus destinos hacia el progreso económico y la autosuficiencia.

## El primer paso: valorar el valor agregado:

El quid del modelo DSI en su fase inicial gira en transformar productos crudos de bajo precio en bienes de mayor valor agregado.

En lugar de vender granos de café crudos, ¿por qué no hacerlo tostado, molido o incluso mezclas artesanales? En lugar de exportar caña de azúcar cruda, ¿por qué no exportar azúcar refinada, melaza o incluso jarabes orgánicos?

La transición de lo crudo a lo refinado, de lo básico a lo hecho a medida, puede amplificar significativamente los retornos económicos de cada cosecha.

## El papel del gobierno:

Esta transición, aunque prometedora, no está exenta de desafíos. Exige mejoras tecnológicas, mano de obra calificada, investigación de mercado, creación de marcas y más. Aquí es donde el Estado juega un papel fundamental.

Al otorgar préstamos específicos a empresas agrícolas, los gobiernos pueden catalizar la metamorfosis de la agricultura tradicional en empresas agroindustriales.

Estos no son meros folletos; Son inversiones estratégicas. Al canalizar recursos hacia sectores como el procesamiento, el envasado y la comercialización, los gobiernos pueden empoderar a los agricultores y las empresas para ascender en la cadena de valor, garantizando que los frutos de las tierras de América Latina alcancen los precios que realmente merecen.

## De los campos a las fábricas:

A medida que esta transformación se arraiga, las ramificaciones son múltiples. No sólo los interesados inmediatos *(agricultores y empresarios agrícolas)* obtienen los beneficios, sino que los efectos en cadena impregnan toda la economía.

34

Las plantas de procesamiento, las instalaciones de envasado y las redes de distribución florecen, presagiando la creación de empleo y el desarrollo de infraestructura.

## Amplificar el valor inherente:

La génesis de DSI se basa en el principio simple pero profundo de reconocer y amplificar el valor inherente.

Para las naciones latinoamericanas que se encuentran en esta coyuntura crucial, el camino a seguir está iluminado por los principios de la DSI: invertir, innovar e industrializar.

Con la tierra bajo sus pies y la visión de DSI guiando el camino, estas naciones están preparadas para escribir una historia de resurgimiento económico, una historia en la que su suelo y sus almas encuentren la estima que tanto merecen.

35

**Capítulo 3.2:**

# El libre mercado como bien público monumental

El libre mercado, a menudo aclamado como el crisol del progreso capitalista, es más que un mero concepto económico en los anales del desarrollo: se erige como un bien público monumental que encarna las aspiraciones y el potencial de una nación.

Sin embargo, la solidez de este mercado, especialmente en el contexto de las naciones latinoamericanas, ha estado históricamente empañada por matices de incompetencia y falta de escrúpulos en los pasillos del poder.

### Las sombras históricas:

Para comprender verdaderamente la esencia del libre mercado como bien público, primero debemos mirar hacia el corazón de la oscuridad que ha empañado su santidad en América Latina.

Las historias de malversaciones, en las que se despilfarraron tesoros nacionales, y de corrupción, en las que se manipularon los hilos del mercado para obtener beneficios personales, no son meras notas históricas a pie de página: son crudos recordatorios de lo que está en juego.

### El deber de la democracia:

El tapiz de la democracia está tejido con los hilos de la vigilancia, la rendición de cuentas y la participación. No basta con que los ciudadanos emitan su voto y luego retrocedan en las sombras de la indiferencia.

37

El espíritu mismo de la democracia exige un compromiso en el que el electorado no sólo seleccione a sus representantes, sino que también desempeñe un papel activo en la dirección de la trayectoria de la gobernanza.

Las interacciones regulares con funcionarios electos, la participación en consultas públicas y la participación en la promoción de políticas no son sólo derechos: son responsabilidades.

La creación y el fomento de los mercados libres, como bienes públicos fundamentales, dependen en gran medida de esta relación dinámica entre los gobernados y el gobernador.

## Gremios y auditores, los centinelas de la vigilancia:

Si bien la participación ciudadana constituye la base de la supervisión democrática, existe un papel igualmente crítico para los gremios profesionales y las instituciones de auditoría en la salvaguardia de la santidad del libre mercado.

Los gremios profesionales, que representan un espectro de industrias y sectores, poseen la experiencia para evaluar, criticar y orientar las políticas económicas. Sus ideas pueden actuar como brújulas invaluables para los gobiernos, asegurando que el libre mercado evolucione y opere en alineación con los mejores intereses de la nación.

Las instituciones de auditoría, con sus rigurosos mecanismos de escrutinio, son los baluartes contra las malas prácticas. Su vigilancia garantiza la transparencia, la rendición de cuentas y el cumplimiento de los más altos estándares de gobernanza.

## El alma de la prosperidad:

El libre mercado, en su grandeza, representa más que transacciones económicas: es el alma de la prosperidad nacional.

Para las naciones latinoamericanas, el camino hacia aprovechar todo su potencial está plagado de desafíos del pasado.

Pero con una ciudadanía comprometida, fortalecida por la sólida supervisión de gremios y auditores, el sueño de un mercado libre floreciente e inmaculado no sólo es alcanzable, sino inevitable.

Es responsabilidad de cada actor tratar este mercado no sólo como una herramienta económica, sino como un bien público preciado: un faro de esperanza, prosperidad y orgullo nacional.

## Capítulo 3.3:

# Pilares del DSI: estabilidad, confianza e infraestructura

En el gran tapiz del desarrollo económico, la estrategia de Desarrollo Secuencial Industrial (DSI) se destaca como un rayo de esperanza para las naciones que se esfuerzan por evolucionar y prosperar.

Sin embargo, su éxito no está garantizado por la mera adopción. Tres pilares clave *(estabilidad, confianza e infraestructura)* deben respaldarlo firmemente.

Especialmente para los países de América Latina, con sus historias tumultuosas y sus futuros vibrantes, estos pilares tienen un profundo significado.

### 1. Estabilidad: la base del progreso

La estabilidad política es la base misma sobre la que se construye el imponente edificio del crecimiento económico. Una nación plagada de luchas políticas, conflictos entre facciones y agitaciones tiene pocas posibilidades de trazar un camino consistente hacia la prosperidad.

El amargo legado de la inestabilidad política latinoamericana *(golpes de estado, revoluciones y frecuentes cambios de política)* a menudo ha actuado como arenas movedizas, devorando cualquier apariencia de política y dirección económicas consistentes.

Sin embargo, es crucial señalar que la estabilidad no es simplemente la ausencia de conflicto. Significa un sistema de gobernanza resiliente, predecible e inquebrantable en su compromiso con el crecimiento nacional.

41

Para que el DSI eche raíces, el liderazgo político debe garantizar un entorno en el que las políticas no sean anuladas caprichosamente y en el que las industrias puedan planificar su futuro sin la sombra de la incertidumbre.

## 2. Confianza: el pegamento social de la gobernanza

La confianza, tanto en los pasillos del poder como en los callejones del comercio, es un activo invaluable.

Un gobierno que goza de la confianza de su población puede tomar decisiones audaces, invertir en proyectos a largo plazo y experimentar con políticas económicas innovadoras. Por el contrario, un público desconfiado puede obstaculizar incluso las iniciativas mejor intencionadas.

El llamado del momento para las naciones latinoamericanas es una transformación radical de sus esferas políticas. Los ciudadanos deben exigir, con determinación inquebrantable, el ascenso de los servidores públicos a través de medios meritocráticos.

El liderazgo debe ser determinado por el mérito, no por el nepotismo o el favoritismo. Sólo a través de esa limpieza los gobiernos podrán esperar restaurar la confianza pública y utilizarla para forjar un futuro próspero.

## 3. Infraestructura: Las venas y arterias del DSI

La infraestructura actúa como catalizador, impulsando el motor de ISD. Sin carreteras sólidas, puertos eficientes, redes eléctricas confiables y redes de comunicación de vanguardia, el sueño de la evolución industrial sigue siendo solo eso: un sueño.

Sin embargo, los grandes proyectos de infraestructura no consisten sólo en verter hormigón y tender cables. Requieren un enorme capital político, una visión a largo plazo y, sobre todo, un apoyo público inquebrantable.

Cuando los gobiernos se sienten alentados por la estabilidad política y fortalecidos por la confianza pública, pueden embarcarse en proyectos ambiciosos, transformando la anatomía misma de sus naciones y sentando las bases para que florezca el DSI.

## Una Trinidad Dorada:

La trinidad de estabilidad, confianza e infraestructura no es sólo un marco teórico: es el alma de la estrategia de DSI.

América Latina se encuentra en una encrucijada, con el peso de su historia de un lado y la promesa de su potencial del otro. Al anclar su viaje en estos pilares, las naciones de esta vibrante región realmente pueden zarpar hacia un futuro de prosperidad incomparable.

# Capítulo 4:

# El corazón del desarrollo: la creación de mercados

## Capítulo 4.1:

# Las complejidades de la producción en masa: una inmersión en el desarrollo de nuevos productos alimenticios

El amanecer del progreso económico para muchas naciones latinoamericanas radica en transformar su esencia agraria en un prototipo de poder industrial.

Dentro de esta metamorfosis, un ámbito destaca por su importancia: el ámbito del desarrollo de productos alimentarios. Representa la intersección perfecta entre las raíces agrarias de América Latina y el inminente futuro industrial.

### 1. La importancia del valor agregado

¿Por qué vender materias primas cuando se pueden transformar en productos que resuenen en los paladares nacionales e internacionales?

La respuesta está en la intrincada danza de la producción en masa. Al dejar de exportar productos crudos baratos, como la leche, y centrarse en cambio en la creación de productos lácteos diversos, las naciones pueden aumentar sustancialmente sus beneficios económicos.

### 2. Lluvia de ideas: el lugar de nacimiento de la innovación

El viaje de un producto alimenticio desde una mera idea hasta el lineal del supermercado está plagado de sesiones de lluvia de ideas.

47

Desde evaluar las necesidades del mercado hasta comprender las últimas tendencias culinarias, estas sesiones desempeñan un papel crucial a la hora de alinear la producción con la demanda.

### 3. Elección de los ingredientes: el corazón del producto

La calidad y la sostenibilidad son las estrellas duales que deben guiar el proceso de selección. El abastecimiento local no solo impulsa la economía local, sino que también garantiza ingredientes frescos y auténticos, lo que hace que el producto sea atractivo para los consumidores.

### 4. Elaborar el sabor perfecto

Las pruebas de sabor no consisten simplemente en crear un perfil de sabor delicioso; se trata de capturar el alma misma de la región en cada bocado o sorbo. Al perfeccionar el sabor, los productos pueden competir ferozmente en los mercados globales y convertirse en embajadores culinarios de su país de origen.

### 5. Diseño y embalaje: La primera impresión

El embalaje de un producto lo dice todo. Debe ser una combinación de tradición y modernidad, que atraiga a los consumidores y al mismo tiempo los eduque sobre las raíces y los beneficios del producto.

### 6. Navegar por el laberinto regulatorio

Para cualquier producto alimenticio, cumplir con las regulaciones locales e internacionales es primordial. Esto garantiza no sólo la seguridad de los consumidores sino también una entrada fluida a los mercados extranjeros.

## 7. Marketing y Distribución – Conexión con el Consumidor

El viaje de un producto culmina en su marketing y distribución.

Al elaborar una narrativa que entrelaza la rica historia de la agricultura latinoamericana con la promesa de una calidad de primer nivel, los productos pueden hacerse un hueco en los corazones y hogares de los consumidores.

### La industria alimentaria es la primera puerta:

La producción masiva en el ámbito alimentario ofrece a las naciones latinoamericanas una oportunidad de oro.

Al pasar de vender productos agrícolas crudos a elaborar y comercializar bienes con valor agregado, estas naciones pueden aprovechar una fuente de crecimiento económico.

El camino puede ser complejo, con innumerables pasos desde la lluvia de ideas hasta la distribución, pero al final está la promesa de una América Latina próspera e industrialmente vibrante.

**Capítulo 4.2:**

# Laissez Faire versus El Gran Impulso: el camino intermedio

La historia del desarrollo económico a menudo se cuenta a través de historias de dos extremos: la filosofía del *laissez-faire*, donde la mano invisible del mercado reina suprema, y el *Big Push* o terapia de choque, un aumento de la inversión impulsado desde arriba por el Estado.

Ambos enfoques han tenido sus momentos de éxito, pero para las naciones latinoamericanas ninguno ofrece la receta completa para un crecimiento económico sostenible, inclusivo y sólido.

La solución está en el camino intermedio:

*La Estrategia de Desarrollo Secuencial Industrial (DSI).*

## 1. Comprender los extremos

- **Laissez-Faire** – Basado en la creencia de que el mercado, cuando se lo deja a su suerte, encontrará el equilibrio. Este enfoque a menudo pasa por alto la necesidad de crear infraestructura, garantizar una competencia leal y mantener redes de seguridad social.
- **El Gran Empuje** – La antítesis del laissez-faire, el Gran Empuje promueve inversiones masivas, a menudo impulsadas por la ayuda exterior. Sin embargo, los peligros residen en crear burbujas económicas, fomentar la dependencia y no lograr establecer pilares fundamentales de crecimiento.

## 2. Decodificando el DSI: El enfoque renacentista

- **Fundamentos del DSI**: comienza con el reconocimiento de los desafíos inherentes al desarrollo de mercados masivos. Estos mercados, esenciales para la industrialización, no nacen automáticamente; se cultivan a través de una cuidadosa planificación, etapas e inversiones significativas.
- **El papel de un Estado fuerte** – Según la DSI, el Estado no es sólo un observador pasivo o un inversor excesivamente entusiasta; es un planificador estratégico. Reconoce las brechas del mercado, fomenta las industrias incipientes y garantiza que el crecimiento económico sea inclusivo y sostenible.
- **Etapas y estabilidad** – El crecimiento económico no es una carrera rápida; es un maratón. El enfoque DSI comprende esto y enfatiza la necesidad de estabilidad, confianza social y un enfoque de crecimiento gradual.

## 3. Pymes:  Las abanderadas del DSI

Para que DSI realmente brille, se necesitan defensores, y estos se encuentran en las MIPYME. Las pequeñas y medianas empresas, con su agilidad, espíritu innovador y arraigo local, son la columna vertebral de esta estrategia.

- **Préstamos, no dádivas** – En lugar de depender de la ayuda exterior, el gobierno bajo el DSI proporciona préstamos orientados a la producción a las MIPYME. Esto fomenta una cultura de innovación, responsabilidad y emprendimiento.
- **Creación y facilitación de mercados**: con las MIPYME a la vanguardia, los mercados no surgen simplemente; están esculpidos. Con el apoyo adecuado, estas empresas pueden crear mercados que sean resilientes, receptivos y reflejen las necesidades locales.

52

## 4. La confluencia de instituciones y crecimiento

Bajo la DSI, las instituciones no son algo secundario; son socios de crecimiento intrínsecos. Desde regular la competencia hasta garantizar la calidad, estas instituciones evolucionan con la economía, reforzando la senda de crecimiento y garantizando que se mantenga en el buen camino.

## El Camino Intermedio:

La Estrategia de Desarrollo Secuencial Industrial, en esencia, es un llamado a aprovechar las fortalezas tanto del laissez-faire como del Big Push, evitando al mismo tiempo sus debilidades.

Es una estrategia que no sólo apunta al crecimiento, sino que visualiza un panorama económico holístico, sostenible e inclusivo, donde los estados, las pymes y las instituciones trabajen en armonía.

**Capítulo 4.3:**

# La naturaleza secuencial de la evolución del mercado

El mundo natural muestra la evolución como una serie de pasos, cada uno de los cuales sienta las bases para el siguiente.

Desde la metamorfosis de una mariposa hasta el crecimiento de un poderoso roble a partir de una humilde bellota, la naturaleza ilustra el poder de las secuelas.

En la misma línea, la evolución económica de una nación, tal como la defiende la Estrategia de Desarrollo Secuencial Industrial (DSI), no es un salto lineal sino una serie de etapas, cada una entrelazada con la anterior y dependiente de ella.

### 1. El poder de las fases

Para comprender la evolución del mercado es necesario reconocer que cada fase del desarrollo tiene sus características, desafíos y determinantes de crecimiento únicos.

- **Comienzos agrarios:** La historia muestra que muchas naciones latinoamericanas se encuentran en esta coyuntura, donde las materias primas dominan el panorama económico. El potencial aquí no está simplemente en aumentar el volumen sino en elevar el valor de los productos agrícolas, utilizando un enfoque de inteligencia de negocios.

- **Pivotes proto-industriales**: esta fase ve la incipiente transformación de crudo a refinado, donde el procesamiento básico comienza a agregar capas de valor a los bienes primarios, creando la base para operaciones industriales más complejas en el futuro.

55

- **Transición de industrias ligeras a pesadas**: a medida que la economía gana impulso, comienza a albergar industrias más complejas con uso intensivo de maquinaria, impulsando a una nación hacia los ámbitos de la manufactura a gran escala y horizontes más amplios.
- **Supremacía orientada a los servicios**: Aprovechando una fuerte base industrial, las naciones luego hacen la transición para enfatizar los servicios, desde TI hasta la atención médica, marcando madurez en su narrativa económica.

## 2. Creación de mercados en cada etapa

Cada fase, desde la agraria hasta la predominante en los servicios, requiere una creación y un fomento meticulosos del mercado. ISD, con su énfasis en el cultivo de mercados impulsados por el Estado, garantiza que a medida que las economías hagan la transición, no dejen vacíos, sino que creen mercados sólidos y receptivos.

## 3. El arte de navegar las transiciones

Quizás la parte más complicada de la evolución secuencial del mercado sea gestionar las transiciones. Hay que lograr un delicado equilibrio: si se presiona demasiado, existe riesgo; Si se avanza demasiado lentamente, las oportunidades disminuyen.

- **Mipymes – Los Navegantes Dinámicos:** En estas transiciones, las Pymes resultan invaluables. Su agilidad, combinada con el apoyo estatal, garantiza que, a medida que los mercados evolucionan, sigan siendo sólidos, innovadores y con visión de futuro.
- **Sinergia público-privada**: las transiciones exitosas dependen de la unión entre las iniciativas estatales y la empresa privada. El Estado prepara el escenario y las pymes bailan, tejiendo juntas la narrativa del crecimiento.

# 4. Desafíos en la evolución secuencial

Como cualquier viaje, el camino de la evolución del mercado no está exento de obstáculos. Desde deficiencias infraestructurales hasta desajustes de habilidades y desde la inercia cultural hasta los obstáculos económicos globales, los desafíos abundan. Sin embargo, con la orientación de la DSI, las naciones pueden navegar estas aguas con prudencia y propósito.

## Un viaje hacia la prosperidad:

La historia económica de una nación no se escribe en un día ni en una década. Es una saga de secuencias, de fases que se complementan unas con otras.

La Estrategia de Desarrollo Secuencial Industrial no promete milagros de la noche a la mañana: propone un viaje.

Un viaje que reconoce la naturaleza secuencial de la evolución del mercado y elabora estrategias en sincronía con este ritmo, garantizando un crecimiento económico sostenible, inclusivo y sólido.

# Capítulo 5:

# Fases del Desarrollo Secuencial Industrial

**Capítulo 5.1:**

# Estructura del mercado agrario: la base

Una casa es tan sólida como sus cimientos.

De manera similar, el edificio económico de cualquier nación se mantiene firme y alto sobre la base de la fortaleza y resiliencia de su base agraria.

Para muchas naciones latinoamericanas, la agricultura no es sólo una industria; es una identidad, un legado. Sin embargo, las sombras de cuestiones no resueltas del siglo XIX, sobre todo las reformas agrarias, persisten y plantean desafíos formidables para el progreso.

## 1. Los fantasmas de las reformas agrarias

Las reformas agrarias, en esencia, tienen que ver con la distribución y los derechos de la tierra, que son cuestiones fundamentales que afectan a millones de vidas.

- **Desigualdades históricas** – Los legados coloniales, los patrones de tenencia de tierras dominados por las élites y la distribución sesgada son agravios históricos que deben abordarse. Muchas familias campesinas hasta el día de hoy luchan con las secuelas del despojo de tierras.
- **Ramificaciones económicas** – Los problemas de tierras no resueltos no son sólo preocupaciones sociales; paralizan las perspectivas económicas. Sin títulos y derechos claros sobre la tierra, la agricultura carece de incentivos para la modernización, la expansión y la innovación.

## 2. Redefinir las reformas agrarias

Ha llegado el momento de que los países latinoamericanos revisen y redefinan sus narrativas de reforma agraria.

- **Distribución con una visión**: no se trata de una redistribución arbitraria, sino de garantizar que la tierra llegue a quienes puedan cultivarla con métodos modernos, trayendo prosperidad a la comunidad en general.
- **Apoyo a la infraestructura**: además de la distribución de la tierra, los gobiernos deben reforzar a los agricultores con capacitación, recursos y ayuda infraestructural, allanando el camino para un sector agrario moderno y próspero.

## 3. Mipymes: agentes del renacimiento agrario

Una vez que se resuelvan las cuestiones fundamentales, el siguiente paso lógico es fomentar un ecosistema de Mipyme vibrante dentro del sector agrario.

- **Formalización** – Es necesario abordar la informalidad de muchas empresas agrarias. Formalizarlos abre puertas a facilidades crediticias, mejoras tecnológicas y acceso a los mercados.
- **Consolidación** – Un mercado agrario fragmentado, con numerosos actores pequeños, carece de poder de negociación y de economías de escala. Alentar a las PYME a formar cooperativas o consorcios puede mejorar su influencia en el mercado y la puesta en común de recursos.

## 4. Uniendo el pasado con el futuro

Una nación no puede avanzar ignorando o pasando por alto su pasado. La estructura agraria es el pasado, el presente y el futuro de América Latina.

Abordar los agravios históricos y preparar al sector para los desafíos futuros no es sólo un imperativo económico sino moral.

## Paz Social es Prosperidad:

Para que América Latina escriba un capítulo dorado en su historia económica, debe comenzar desde la primera página: sus raíces agrarias. Al abordar cuestiones históricas de reforma agraria y defender a las PYME en la agricultura, el continente puede sembrar semillas de prosperidad que darán frutos para las generaciones venideras.

## Capítulo 5.2:

# Estructura del mercado proto-industrial: transición hacia adelante

La región latinoamericana, con sus verdes paisajes y antiguas tradiciones agrícolas, es un tesoro escondido de recursos naturales.

Plantaciones de café en las tierras altas de Colombia, granjas de cacao en los frondosos bosques de Ecuador, miel de la Península de Yucatán, frutas que estallan en sabor desde Brasil hasta Chile y el cinturón lácteo que se extiende a lo largo de Argentina y Uruguay, la lista es interminable.

Mientras el continente se encuentra en el umbral de una era proto-industrial, este rico patrimonio agrícola es su mayor activo.

## 1. El potencial proto-industrial de los productos naturales

Si bien la riqueza agrícola de América Latina es innegable, aprovecharla para el desarrollo proto-industrial requiere una visión estratégica.

- **Valor agregado**: más allá de exportar frijoles o frutas crudas, la atención debe centrarse en el valor agregado: café tostado, barras de chocolate, conservas de frutas, quesos especializados y miel gourmet. Esto no sólo permite obtener mejores precios en el mercado, sino que también crea numerosas oportunidades de empleo en el procesamiento, el envasado y la comercialización.

- **Garantía de calidad**: el establecimiento de marcas regionales de reputación mundial depende de estrictos controles de calidad. Garantizar la calidad superior de los productos procesados puede dar a los productos latinoamericanos un punto de venta único en los mercados globales.

## 2. Nutrir el ecosistema

Para pasar de una configuración puramente agraria a una estructura proto-industrial, el desarrollo holístico de toda la cadena de valor es primordial.

- **Capacitación y desarrollo de habilidades**: los agricultores y trabajadores necesitan capacitación en técnicas modernas de procesamiento, operación de maquinaria y evaluación de la calidad. Las instituciones que ofrecen cursos especializados en procesamiento de alimentos y agronegocios pueden llenar este vacío.
- **Actualización de la infraestructura**: desde cámaras frigoríficas hasta unidades de procesamiento, pasando por la logística y los mercados, un desarrollo significativo de la infraestructura es crucial para respaldar la floreciente proto-industria.
- **Inversión en I+D**: la investigación y el desarrollo pueden conducir a innovaciones en procesamiento, conservación y envasado, dando una ventaja competitiva a los productos latinoamericanos.

## 3. Alcanzar los mercados globales

Con las estrategias adecuadas, los productos proto-industriales latinoamericanos pueden dejar una huella en el escenario global.

- **Branding y promoción**: las iniciativas de branding compartidas, que celebran el origen latinoamericano de los productos, pueden crear un nicho en los mercados globales.

- **Asociaciones comerciales**: la diplomacia comercial proactiva puede abrir puertas a nuevos mercados, garantizando que los productos latinoamericanos lleguen a las mesas de todo el mundo.

**Desde nuestra tierra, para todo el mundo:**

El viaje de la granja al mercado global está lleno de desafíos, pero para América Latina es un camino iluminado por los rayos dorados de las oportunidades. Con su rico patrimonio agrícola y su inmenso potencial proto-industrial, el continente está preparado para realizar una transición que podría redefinir su historia económica.

**Capítulo 5.3:**

# Estructura del mercado industrial ligero: modernización de la economía

El latido del progreso se hace más fuerte a medida que las naciones pasan de estructuras agrarias y proto-industriales a un marco industrial ligero.

El salto adelante promete beneficios económicos, más empleos y una sociedad modernizada. América Latina, en su viaje de evolución económica, se encuentra ahora en la cúspide de esta transición.

Pero el éxito va más allá de la mera política: requiere que las personas adecuadas estén al mando.

## 1. Por qué la modernización es imprescindible

La industrialización ligera no es simplemente una elección; es un imperativo para las economías latinoamericanas que buscan un crecimiento sostenible.

- **Diversos fundamentos económicos**: depender únicamente de la agricultura o las industrias primarias expone a las economías a vulnerabilidades. La diversificación hacia industrias ligeras ofrece estabilidad, especialmente durante las crisis globales.
- **Creación de empleo y utilización de habilidades:** Los jóvenes de América Latina, cada vez más educados, buscan oportunidades que se ajusten a sus habilidades. Las industrias ligeras ofrecen diversos roles, desde técnicos hasta ingenieros y gerentes.

69

## 2. La revolución meritocrática

No basta con tener políticas de modernización. La implementación es la clave, y eso depende de quién ejecuta estas políticas.

- **Rompiendo con la tradición**: la antigua práctica de colocar a personas en posiciones fundamentales en función de sus afiliaciones o lealtades políticas puede paralizar el progreso. La modernización exige meritocracia.
- **Atraer a las mejores mentes**: Exámenes competitivos, procesos de selección transparentes y remuneraciones adecuadas pueden garantizar que sólo las mejores mentes administren la maquinaria pública.
- **Formación continua**: a medida que las industrias evolucionan, también lo hacen sus demandas. Los programas regulares de capacitación para funcionarios públicos garantizan que sigan siendo expertos en abordar los desafíos dinámicos de la industria.

## 3. Papel de las industrias ligeras en la modernización

Industrias como la electrónica, los textiles, el procesamiento de alimentos y los productos farmacéuticos representan el espectro de la industria ligera y pueden ser la punta de lanza de la modernización.

- **Preparando el escenario:** Antes de que las industrias puedan florecer, es necesario sentar las bases. Esto incluye desarrollo de infraestructura, políticas favorables y estructuras de incentivos.
- **Aprovechar las cadenas de valor globales**: la participación en redes de producción globales garantiza la transferencia de tecnología, mejores prácticas de producción y acceso a mercados más amplios.

## 4. Columnas para el desarrollo sostenible

Si bien el objetivo es el progreso, no debería lograrse a costa de la salud social o ambiental.

- **Industrialización verde**: tener en cuenta las preocupaciones ambientales a nivel de políticas garantiza que las industrias no dañen los equilibrios ecológicos.
- **Políticas inclusivas:** Los frutos de la modernización deberían generalizarse. Los incentivos para que las industrias se establezcan en zonas menos desarrolladas pueden garantizar un desarrollo regional equilibrado.

## Meritocracia y Prosperidad:

La hoja de ruta hacia una estructura de mercado de industria ligera para América Latina es muy clara: la modernización a través de una gobernanza meritocrática. A medida que los vientos de cambio barren el continente, se avecina un futuro de prosperidad, impulsado por industrias ligeras y administrado por servidores públicos competentes.

**Capítulo 5.4:**

# Estructura del mercado industrial pesado: el cenit de la producción

En la cúspide de la transformación industrial se encuentra la estructura del mercado de la industria pesada.

Un bastión de sólida estabilidad económica, representa el cenit de las capacidades productivas de una nación.

Mientras América Latina mira hacia este horizonte, las lecciones de precursores regionales como México, Brasil y Argentina sirven como faros en este viaje.

### 1. El espectro industrial pesado

Las industrias pesadas, sinónimo de operaciones a gran escala, abarcan sectores como el acero, los productos químicos, la maquinaria, la construcción naval y el automóvil.

- **Los pilares económicos**: estos sectores se convierten en la columna vertebral, proporcionando estabilidad frente a las crisis económicas externas y allanando el camino para las industrias transformadoras.
- **Empleo y evolución de las habilidades**: al igual que ocurre con las industrias ligeras, las industrias pesadas emplean a una gran población, pero también cuentan con habilidades especializadas, lo que exige estándares educativos y de capacitación más altos.

## 2. Lecciones de los pioneros latinoamericanos

- **El poderío automotriz de México:** México, al haber atraído a importantes fabricantes de automóviles a nivel mundial, se ha integrado perfectamente a la cadena de suministro automotriz global. ¿La comida para llevar? Las asociaciones estratégicas y los acuerdos comerciales pueden acelerar el crecimiento de las industrias pesadas.
- **El ascenso aeroespacial de Brasil**: Embraer, un éxito brasileño, muestra cómo el apoyo gubernamental enfocado combinado con asociaciones globales puede conducir a la competitividad global.
- **El impulso petroquímico de Argentina:** Con sus ricas reservas, Argentina aprovechó sus recursos naturales para establecer una industria petroquímica competitiva, destacando la importancia de aprovechar las fortalezas inherentes.

## 3. Infraestructura: el corazón de la industria pesada

Sin una infraestructura sólida, las industrias pesadas no pueden prosperar. Esto incluye:

- **Transporte y logística**: el movimiento eficiente de materias primas y productos terminados es primordial.
- **Infraestructura energética**: las industrias pesadas consumen grandes cantidades de energía. Una infraestructura energética fiable y sostenible pasa a ser innegociable.
- **Desarrollo urbano**: a medida que las industrias crecen, también lo hacen los centros que las rodean. El desarrollo urbano planificado garantiza un crecimiento sostenible sin una presión excesiva sobre los recursos.

# 4. El papel de la política y la gobernanza

El ascenso de la industria pesada no es orgánico: está orquestado a través de políticas claras, consistentes y de apoyo.

- **Incentivos financieros**: las exenciones fiscales, los préstamos subsidiados y las subvenciones pueden catalizar el crecimiento.
- **Regulación y supervisión**: si bien el crecimiento es crucial, debe moderarse con regulaciones que garanticen la responsabilidad social y ambiental.
- **Investigación, desarrollo e innovación**: fomentar las colaboraciones entre la industria y la academia puede estimular las tecnologías e innovaciones autóctonas, reduciendo la dependencia de las importaciones y creando una ventaja competitiva única.

## El camino de los titanes:

La marcha hacia una estructura de mercado industrial pesada no es fácil ni rápida. Exige visión, compromiso inquebrantable y aprender tanto de los éxitos como de los errores. Para América Latina, con sus diversos recursos y su energía juvenil, el cenit de la producción no es sólo un sueño lejano: es un futuro tangible que espera ser forjado.

**Capítulo 5.5:**

# Estructura del mercado del Estado de bienestar orientado a servicios: Más allá de la fabricación

Más allá del ámbito de la fabricación se encuentra la vasta y versátil extensión del mercado orientado a los servicios.

Para naciones centroamericanas como Honduras y Costa Rica, este ámbito encierra una inmensa promesa. Sus jóvenes bilingües, que hablan español e inglés con fluidez, se encuentran en el umbral de aprovechar oportunidades en los segmentos de tecnología, comunicaciones, back office y trabajo independiente.

Esta transición no se trata sólo de crecimiento económico; se trata de construir un estado de bienestar que prospere gracias a los servicios.

## 1. El auge de la economía de servicios

A medida que las economías maduran y evolucionan, se produce un cambio natural de la agricultura a la manufactura y luego a los servicios. Esta trayectoria, si bien no es uniforme, ha sido una característica distintiva de muchas naciones desarrolladas.

- **El espectro de servicios**: abarca sectores como TI, finanzas, educación, atención médica, entretenimiento y turismo.
- **La dinámica económica**: los servicios suelen exigir menos inversión de capital que las industrias pesadas, pero requieren altos niveles de capital humano, innovación y adaptabilidad.

## 2. Brillantez bilingüe: una ventaja competitiva

- **El nexo inglés-español** - Ser bilingüe en español e inglés no es sólo una hazaña lingüística; es un activo económico formidable. Desde el servicio al cliente hasta los enlaces comerciales internacionales, esta dualidad abre innumerables puertas.
- **Revolución del trabajo independiente y remoto**: con plataformas como Upwork, Freelancer y Fiverr, los jóvenes latinoamericanos pueden ofrecer sus habilidades a una clientela global, rompiendo barreras geográficas.

## 3. Centros de tecnología y comunicación

- **Silicon Valley Latino y más allá** - Regiones como el Valle Central de Costa Rica o los centros tecnológicos de Honduras son florecientes centros de innovación, similares al Silicon Valley de California.
- **Back Office y BPO**: con sus capacidades lingüísticas y ventajas de zona horaria, países como Honduras y Costa Rica están bien posicionados para convertirse en potencias de la subcontratación de procesos comerciales.

## 4. Construir un Estado de bienestar en torno a los servicios

La transición a una economía orientada a los servicios puede allanar el camino para un Estado de bienestar que dé prioridad al bienestar social.

- **Educación y formación**: la mejora continua de las capacidades se vuelve primordial. Las instituciones deben alinear los planes de estudio con las demandas de la industria, garantizando que la fuerza laboral siga siendo competitiva y relevante.
- **Infraestructura social**: la atención sanitaria, el transporte público y la planificación urbana deben evolucionar junto con el crecimiento del sector de

servicios. Una economía de servicios próspera exige un tejido social sólido.

- **Prácticas ambientales y sostenibles**: un Estado de bienestar orientado a los servicios puede liderar la lucha en prácticas sostenibles, desde edificios ecológicos hasta transporte público ecológico.

## Servicios Globales para la Prosperidad:

Para América Latina, el camino más allá de la manufactura hacia un Estado de bienestar orientado a los servicios está plagado de desafíos y oportunidades. Al aprovechar sus fortalezas únicas, países como Honduras y Costa Rica pueden recorrer este viaje con previsión y ambición, haciéndose un hueco en el panorama de servicios globales.

# Capítulo 6:

# Gobierno y PYMES

## Capítulo 6.1:

# El papel fundamental del gobierno en la DSI

La trayectoria del desarrollo económico de una nación rara vez es lineal y su ritmo a menudo lo marca la mano rectora del gobierno.

Inspirándonos en la economía keynesiana, que subraya el valor de la participación gubernamental activa en la economía, dirigimos nuestra mirada al meteórico ascenso de Singapur, una antigua isla empobrecida.

Para las naciones centroamericanas, las lecciones del viaje de Singapur proporcionan un plan de transformación bajo el marco del Desarrollo Secuencial Industrial (DSI).

### 1. El paradigma keynesiano

John Maynard Keynes propuso que en tiempos de crisis económica, la intervención gubernamental puede proporcionar el estímulo necesario para volver al crecimiento.

- **Gestión de la demanda**: los gobiernos pueden impulsar directamente la demanda agregada, estabilizando las economías y creando un entorno propicio para la DSI.
- **Inversión pública**: se pueden financiar infraestructuras, educación e investigación cruciales, creando la columna vertebral para que florezcan los sectores industriales y de servicios.

## 2. Singapur: de puesto avanzado a potencia económica

- **Liderazgo visionario**: Lee Kuan Yew y su equipo reinventaron el potencial de Singapur. Al priorizar la educación, una firme postura anticorrupción y una actitud acogedora hacia las inversiones extranjeras, sentaron las bases para la prosperidad.
- **Posicionamiento estratégico**: aprovechando su ubicación, Singapur se convirtió en un centro global para el comercio, las finanzas y la tecnología. Sus puertos, aerolíneas y sectores financieros se convirtieron en sinónimo de excelencia.
- **Énfasis en el capital humano**: al darse cuenta de que el verdadero recurso de Singapur era su gente, el gobierno invirtió fuertemente en educación y capacitación, garantizando una fuerza laboral capacitada y adaptable.

## 3. Traduciendo las lecciones de Singapur a Centroamérica

- **La educación como base:** Al igual que Singapur, las naciones centroamericanas deben priorizar la educación, adaptándola a las futuras necesidades industriales y tecnológicas.
- **Un destructr silencioso:** Es esencial adoptar una postura intransigente contra la corrupción. Los sistemas transparentes pueden aumentar la confianza de los inversores y del público.
- **Aprovechar las ventajas geográficas**: la ubicación estratégica de Centroamérica, similar a la de Singapur, puede ser su fortaleza. El desarrollo de puertos, logística y redes comerciales puede convertirlo en un nexo comercial entre América del Norte y del Sur.

## 4. El gobierno como abanderado de la DIS

El papel del gobierno en la DIS va más allá de la mera formulación de políticas.

- **Fomento de las PYME**: los gobiernos deben apoyar activamente a las pequeñas y medianas empresas, brindándoles acceso al crédito, la capacitación y los mercados.
- **Atraer inversión extranjera directa**: al crear un entorno estable y favorable a las empresas, los gobiernos pueden atraer capital internacional, lo que conduce a transferencias de tecnología y creación de empleo.
- **Desarrollo de infraestructura**: la construcción de carreteras, puertos, redes de telecomunicaciones y redes de energía es esencial para ISD, y el gobierno suele tomar la iniciativa.

## El gobierno debe liderar:

*El papel del gobierno en el marco de la DSI es ineludible.*

Como lo demuestran las historias de naciones como Singapur, con un liderazgo visionario, inversiones estratégicas y un compromiso inquebrantable, los gobiernos pueden llevar a los países hacia alturas económicas sin precedentes.

Para las naciones centroamericanas, esto no es sólo una lección: es un llamado de atención.

## Capítulo 6.2: Pymes:

# Las micropotencias económicas

Las pequeñas y medianas empresas (MIPYME) no son sólo la columna vertebral de la economía; son el latido del tejido social de una nación.

Como motores de la innovación, creadoras de empleo y estabilizadoras de las economías, las MIPYME se han convertido en actores fundamentales en el panorama económico contemporáneo.

Si bien su papel es reconocido a nivel mundial, la disparidad en el apoyo gubernamental, especialmente en América Latina, sigue siendo un importante punto de discordia.

### 1. El predominio de las PYME en las economías globales

- **Pulso de América Latina**: Contribuyendo con más del 60% del PIB, las MIPYME desempeñan un papel fundamental en el impulso de las economías latinoamericanas, forjando profundos vínculos socioeconómicos en el proceso.
- **El sueño americano hecho realidad**: las MIPYME en los EE. UU. representan el espíritu empresarial, contribuyen al 44 % del PIB y forman el núcleo de la identidad económica y cultural estadounidense.
- **Los pequeños gigantes de China**: aunque a menudo eclipsadas por sus gigantes industriales, las MIPYME en China han dado forma a su rápido crecimiento económico, representando más del 60% del PIB y un asombroso 80% del empleo.

## 2. Analizando el poder de las pymes

- **Creación de empleo**: las MIPYME emergen constantemente como los mayores empleadores en todos los países, fomentando el desarrollo comunitario y garantizando la distribución de la riqueza.
- **Centros de innovación**: sus estructuras flexibles y, a menudo, ágiles permiten a las pymes innovar a un ritmo rápido, a menudo liderando la carga en industrias pioneras.
- **Resiliencia económica**: debido a su naturaleza diversificada y su base local, las MIPYME a menudo actúan como amortiguadores, brindando estabilidad a las economías durante las crisis globales.

## 3. La desconexión latinoamericana

- **Palabras, pero sin acción:** Si bien las MIPYME son reconocidas por sus contribuciones socioeconómicas, los gobiernos latinoamericanos a menudo las han relegado a un segundo plano en la planificación del desarrollo.
- **La necesidad de especificidad**: una política única falla a las MIPYME. Son vitales sistemas de apoyo personalizados, que vayan desde el acceso al crédito hasta el desarrollo de habilidades y el acceso a los mercados.
- **Superar los obstáculos burocráticos**: La racionalización de los marcos regulatorios, la reducción de la burocracia y el fomento de un entorno empresarial transparente pueden contribuir en gran medida a ayudar a las MIPYME.

## 4. Plan para un panorama próspero de las MIPYME

- **Empoderamiento financiero**: los gobiernos deben priorizar el acceso a créditos, subvenciones y capacitación financiera asequibles para las MIPYME, garantizando que su crecimiento no se vea frenado por limitaciones de capital.

- **Desarrollo educativo y de habilidades**: los programas de capacitación personalizados que se centran tanto en habilidades técnicas como de gestión pueden preparar a las MIPYME para competir en un escenario global.
- **Infraestructura y apoyo tecnológico**: el desarrollo de infraestructura centrada en las MIPYME, desde parques industriales especializados hasta plataformas digitales, puede aumentar significativamente su eficacia operativa.

## El músculo de las MIPYME:

Las MIPYME son más que simples entidades económicas; representan las aspiraciones, la resiliencia y la innovación de una nación. Ya es hora de que los gobiernos latinoamericanos reconozcan esto y pasen del mero reconocimiento a estrategias viables, fomentando un ecosistema donde las MIPYME no sólo sobrevivan, sino que prosperen.

## Capítulo 6.3:

# Préstamos orientados a la producción: impulsando el motor de las MIPYME

En la intrincada danza del desarrollo económico, las finanzas son el elemento vital que mantiene los engranajes en marcha. Para las pymes latinoamericanas, navegar por este laberíntico mundo de las finanzas a menudo ha sido un desafío.

La adopción de préstamos orientados a la producción surge no sólo como una solución, sino también como una piedra angular para el crecimiento futuro.

## 1. El imperativo del apoyo financiero a las MIPYME

- **El enigma de la inversión en I+D:** La I+D, un componente crucial para la innovación y la competitividad, a menudo requiere cuantiosas inversiones. Para las MIPYME que operan con márgenes ajustados, esto representa una barrera importante.
- **Cerrar la brecha**: Los préstamos orientados a la producción y diseñados para las MIPYME pueden aliviar estas cargas financieras, impulsándolas a niveles más altos de producción y competitividad.

## 2. La mecánica de los préstamos orientados a la producción

- **Estructuras de préstamos alineadas con los ciclos de producción**: a diferencia de las estructuras de préstamos tradicionales, los préstamos orientados a la producción tienen en cuenta los ciclos de producción únicos de las industrias, lo que garantiza que los

91

cronogramas de pago estén en sintonía con las realidades comerciales.

- **Tasas de interés favorables**: reconociendo los beneficios sociales más amplios que supone el fortalecimiento de las PYME, estos préstamos a menudo vienen con tasas de interés reducidas, lo que garantiza que la carga no sea punitiva.
- **Garantía reinventada**: los sistemas bancarios tradicionales tienen requisitos de garantía rígidos, a menudo fuera del alcance de muchas PYME. Sin embargo, los préstamos orientados a la producción ofrecen condiciones más flexibles, incluido el uso de cuentas por cobrar futuras o propiedad intelectual.

## 3. Los efectos dominó del financiamiento orientado a la producción

- **Catalizar la innovación**: con un acceso más fácil a los fondos, las PYMES pueden canalizar inversiones hacia I+D, allanando el camino para innovaciones revolucionarias que pueden redefinir las industrias.
- **Creación de empleo y desarrollo de habilidades**: las PYMES financieramente sólidas pueden ampliar sus operaciones, crear oportunidades de empleo e invertir en capacitación de la fuerza laboral.
- **Estimular las economías locales**: un sector de PYME próspero, reforzado por mecanismos financieros sólidos, puede revitalizar las economías locales, fomentando el desarrollo comunitario y la distribución de la riqueza.

## 4. Incentivos fiscales: el catalizador silencioso

- **Créditos fiscales para I+D**: los gobiernos pueden incentivar a las PYME a invertir en I+D ofreciendo créditos fiscales, convirtiendo las posibles obligaciones fiscales en combustible para la innovación.

- **Depreciación acelerada de los activos de capital**: Al permitir que las MIPYME amorticen sus inversiones de capital a un ritmo acelerado, los gobiernos pueden hacer que resulte financieramente atractivo para las empresas modernizarse y expandirse.

## 5. El camino por delante: recomendaciones de políticas para los gobiernos latinoamericanos

- **Procesos de solicitud de préstamos simplificados**: hacer que el proceso de solicitud de préstamos sea más transparente y rápido puede garantizar que las PYME tengan acceso oportuno a los fondos.
- **Campañas de concientización**: muchas PYME podrían desconocer las oportunidades que presentan los préstamos orientados a la producción. Los gobiernos y las instituciones deberían invertir en extensión y educación.
- **Seguimiento y retroalimentación**: establecer mecanismos para recopilar retroalimentación de las PYME puede ayudar a afinar las políticas y las estructuras de préstamos para satisfacer mejor sus necesidades.

### Préstamos para la Industrialización:

A medida que América Latina traza su rumbo hacia el resurgimiento económico, el sector MIPYME emerge como su estrella polar.

A través de préstamos orientados a la producción e incentivos fiscales estratégicos, los gobiernos pueden encender las llamas de la innovación y la iniciativa empresarial, guiando al continente hacia un mañana más brillante y próspero.

# Capítulo 7:

# La democracia en la ecuación del desarrollo

Capítulo 7.1:

# La perspectiva convencional: la democracia como requisito previo

La democracia, un modelo de gobernanza arraigado en los ideales de libertad, igualdad y fraternidad, ha sido a menudo anunciado como el catalizador del progreso económico.

Sin embargo, las realidades de algunas democracias contrastan marcadamente con esto.

Aquí profundizamos en la intrincada relación entre democracia y desarrollo e intentamos responder al enigma: ¿Por qué algunas naciones democráticas fracasan en su búsqueda del crecimiento económico?

## 1. Fundamentos teóricos de la democracia y el desarrollo

- **Derechos y libertades**: las democracias ofrecen a sus ciudadanos libertades civiles, derechos políticos y la capacidad de participar en el proceso electoral. Estos derechos fomentan un entorno propicio para la innovación, el espíritu empresarial y el crecimiento.
- **Responsabilidad y transparencia**: los gobiernos democráticos suelen rendir cuentas ante su electorado, lo que idealmente debería dar como resultado una gobernanza más transparente y eficiente.

## 2. La realidad: las disparidades democráticas

- **El espejismo de las estructuras formales:** Si bien muchas naciones adoptan estructuras democráticas en el papel, el funcionamiento real puede estar plagado de corrupción, nepotismo e ineficiencia.

- **Medidas populistas a corto plazo**: para asegurar votos, los gobiernos podrían priorizar las medidas populistas a corto plazo sobre las estrategias económicas a largo plazo, sesgando las trayectorias de desarrollo.
- **Inestabilidad política**: los cambios frecuentes en el liderazgo, las políticas de coalición o los cambios de política pueden disuadir las inversiones nacionales y extranjeras, cruciales para el crecimiento económico sostenido.

### 3. El papel de las instituciones

- **Calidad por sobre forma**: si bien la forma de gobernanza es esencial, la calidad de las instituciones de gobernanza a menudo desempeña un papel más importante en el desarrollo. Unas instituciones sólidas pueden impulsar el crecimiento incluso en entornos no democráticos.
- **Madurez institucional**: las democracias más nuevas podrían tener dificultades con instituciones nacientes que no han madurado, lo que genera ineficiencias e inconsistencias en la implementación de políticas.

### 4. Factores socioculturales

- **Compromiso de la sociedad civil**: una sociedad civil proactiva puede exigir responsabilidades a los gobiernos, garantizando que las estructuras democráticas produzcan dividendos en materia de desarrollo.
- **Disparidades socioculturales**: las divisiones sociales profundamente arraigadas basadas en la raza, la religión o el origen étnico pueden obstaculizar la verdadera realización de los ideales democráticos, impactando así el desarrollo.

98

## 5. Influencias externas y dinámica geopolítica

- **Ayuda exterior y dependencia**: la excesiva dependencia de la ayuda exterior a veces puede obstaculizar el crecimiento económico y el desarrollo orgánico en las naciones democráticas.
- **Presiones geopolíticas**: la política internacional puede afectar las decisiones políticas de los gobiernos democráticos, priorizando a veces consideraciones geopolíticas sobre los imperativos económicos.

## 6. Repensar la democracia y el desarrollo

- **La democracia como espectro**: reconocer que las democracias pueden variar en sus estructuras y eficacias es crucial. No es sólo la presencia de un sistema democrático lo que importa, sino su profundidad y calidad.
- **Crecimiento económico versus desarrollo**: si bien las democracias pueden lograr crecimiento económico, garantizar un desarrollo holístico que abarque la salud, la educación y el bienestar es un desafío mayor.

### Democracia y Desarrollo:

La interacción entre democracia y desarrollo no es sencilla.

Si bien la democracia ofrece un marco ideal para el crecimiento y la prosperidad, su realización real depende de una plétora de factores que van desde la calidad de las instituciones de gobernanza hasta las dinámicas socioculturales.

Reconocer estos matices es fundamental a medida que las naciones recorren sus caminos de desarrollo únicos dentro del paradigma democrático.

**Capítulo 7.2:**

# La perspectiva del DSI: la democracia como resultado

Mientras que la visión convencional postula la democracia como un requisito previo para el desarrollo, la perspectiva del Desarrollo Secuencial Industrial (DSI) invierte el guion:

*Considera el desarrollo económico como la base sobre la cual se puede solidificar la gobernabilidad democrática.*

Este capítulo profundiza en cómo la prosperidad económica puede catalizar los pilares de la buena gobernanza.

### 1. Gobernanza y recursos: el vínculo inextricable

- **Independencia financiera**: la prosperidad económica proporciona al gobierno sus propios flujos de ingresos sólidos, minimizando la dependencia de ayudas externas o préstamos que pueden venir con condiciones.
- **Inversión en bienestar público**: una economía próspera proporciona el espacio fiscal para que los gobiernos inviertan en bienes, servicios, educación y salud públicos. Estas inversiones no sólo mejoran la calidad de vida, sino que también refuerzan la legitimidad del órgano de gobierno.

### 2. Legitimación a través de la prosperidad

- **Satisfacer las aspiraciones de los ciudadanos**: una economía próspera permite a los gobiernos abordar las aspiraciones de sus ciudadanos de manera más efectiva, lo que conduce a un contrato social más sólido.

101

- **Evitar el malestar**: la prosperidad económica puede evitar el malestar y los conflictos sociales, que a menudo resultan del desempleo, la desigualdad o la percepción de apatía gubernamental.

## 3. La dinámica del poder: empoderamiento ciudadano

- **Apalancamiento económico**: a medida que los ciudadanos adquieren poder económico, obtienen el apalancamiento para influir en las decisiones políticas y hacer valer sus derechos.
- **Exigir una mejor gobernanza**: una sociedad económicamente próspera tiende a tener una ciudadanía más educada y consciente, que puede exigir activamente mejores estándares de gobernanza.

## 4. Responsabilidad a través de la prosperidad

- **Mecanismos de transparencia**: una economía próspera puede financiar el establecimiento y mantenimiento de mecanismos de transparencia, como oficinas de defensoría del pueblo o foros públicos de rendición de cuentas.
- **Organismos de vigilancia ciudadana**: la prosperidad económica da lugar a grupos de la sociedad civil, organizaciones de medios de comunicación y otros órganos de vigilancia que pueden controlar las acciones gubernamentales, garantizando una gobernanza responsable.

## 5. La evolución de la democracia en ISD

- **Del crecimiento económico a las raíces democráticas**: a medida que las naciones avanzan a través de las etapas de la DSI, su crecimiento económico y su estabilización pueden preparar orgánicamente el escenario para que las estructuras democráticas echen raíces y florezcan.

- **Uniendo objetivos económicos y democráticos**: el modelo ISD enfatiza que la búsqueda del desarrollo económico y la gobernabilidad democrática no son mutuamente excluyentes. Más bien, pueden complementarse y reforzarse mutuamente.

## La prosperidad crea democracia:

A través de la lente de la DSI, la democracia no es simplemente un punto de partida sino también el resultado de un desarrollo económico consistente.

Plantea que los verdaderos valores democráticos– *transparencia, rendición de cuentas y legitimidad*– prosperan mejor en un entorno de prosperidad económica.

A medida que las naciones emprenden su camino hacia la DSI, entrelazar sus objetivos económicos con aspiraciones democráticas puede allanar el camino para una trayectoria de desarrollo holística e inclusiva.

Capítulo 7.3:

# Equilibrar la gobernanza y el desarrollo

La cuerda floja entre la gobernanza y el desarrollo es un camino desafiante pero crucial que las naciones deben atravesar. Si bien la buena gobernanza cataliza el desarrollo, el crecimiento desenfrenado a veces puede socavar las mismas estructuras de gobernanza que lo hicieron posible. Este capítulo profundiza en cómo lograr ese equilibrio.

## 1. El círculo virtuoso de la gobernanza y el desarrollo

- **Estabilidad y previsibilidad**: una estructura de gobernanza estable atrae inversiones, fomenta el espíritu empresarial y fomenta la planificación a largo plazo. Garantiza que las empresas tengan la confianza para innovar, sabiendo que las reglas no cambiarán arbitrariamente.
- **Equidad en la prosperidad**: la buena gobernanza garantiza que los frutos del desarrollo lleguen a todos los estratos de la sociedad, evitando disparidades extremas de riqueza y fomentando la cohesión social.

## 2. Los desafíos que surgen del desarrollo

- **Aumento de las desigualdades**: con un rápido crecimiento económico, especialmente si es específico de un sector o de una región, pueden aumentar las disparidades. Aquellos que están en condiciones de aprovechar las oportunidades de crecimiento prosperan, mientras que otros pueden sentirse abandonados.
- **Tensiones institucionales**: el rápido desarrollo puede ejercer presión sobre los órganos reguladores, los sistemas judiciales y otras instituciones de gobernanza.

Es posible que no estén preparados para hacer frente a nuevos desafíos o al enorme volumen de requisitos regulatorios.

### 3. Responder a los desafíos del desarrollo

- **Gobernanza flexible**: a medida que las economías evolucionan, también deben hacerlo las estructuras de gobernanza. Los gobiernos deben estar dispuestos a adaptarse, aprendiendo tanto de sus éxitos como de sus fracasos.
- **Fortalecimiento de las instituciones**: invertir en capacitación, tecnología y desarrollo de capacidades para las instituciones de gobernanza garantiza que sigan siendo sólidas y efectivas, incluso cuando la nación se transforma.

### 4. Política proactiva para un progreso equilibrado

- **Políticas anticipatorias**: en lugar de limitarse a reaccionar ante los problemas después de que surjan, los gobiernos deberían utilizar datos y tendencias para anticipar los desafíos y formular políticas en consecuencia.
- **Diálogo inclusivo**: la interacción con diversas partes interesadas, desde líderes empresariales hasta comunidades de base, garantiza que se consideren diversos puntos de vista en la formulación de políticas.

### 5. Puntos de referencia internacionales y crecimiento colaborativo

- **Aprender de las mejores prácticas globales**: los países pueden consultar puntos de referencia y estándares internacionales, adaptando las mejores prácticas a sus contextos únicos.

- **Iniciativas de colaboración**: las asociaciones regionales e internacionales pueden ayudar a las naciones a compartir conocimientos, recursos y estrategias para equilibrar la gobernanza y el desarrollo.

## Gobernanza y Desarrollo:

Gobernanza y desarrollo son dos caras de la misma moneda, y cada una influye en la otra de innumerables maneras. Lograr un equilibrio no es una tarea única ni un viaje lineal. Requiere un esfuerzo continuo, adaptabilidad y un compromiso para garantizar que la historia del crecimiento no se trate sólo de cifras económicas sino también de un progreso social integral.

# Capítulo 8:

# Casos de Estudio

# Capítulo 8.1:

# Países latinoamericanos: estrategias pasadas y resultados

A pesar de los abundantes recursos naturales, la diversidad de poblaciones y los ricos patrimonios culturales, los países latinoamericanos aún no han alcanzado el estatus económico del Primer Mundo.

Este capítulo examina las trayectorias económicas de México, Brasil, Argentina y Costa Rica a través del lente de la estrategia de Desarrollo Secuencial Industrial (DSI), evaluando enfoques pasados y sus resultados.

## 1. La maquiladora de México y el TLCAN

La estrategia económica de México, que depende en gran medida del programa Maquiladora y su compromiso con el Tratado de Libre Comercio de América del Norte (TLCAN), ha llevado a un crecimiento manufacturero significativo.

Sin embargo, este crecimiento ha sido regionalmente desigual y altamente dependiente del capital y los mercados extranjeros, lo que ha limitado el desarrollo nacional integral.

La falta de un enfoque secuencial para la creación de mercados dejó a vastos sectores de la población sin movilidad económica.

## 2. El populismo económico y la industrialización de Brasil

La trayectoria de Brasil ha estado marcada por políticas industriales y populismo económico ambiciosas, aunque esporádicas. Los beneficios económicos logrados durante los períodos de industrialización liderada por el Estado y el posterior auge de los productos básicos no se tradujeron en desarrollo sostenible.

El hecho de no secuenciar el desarrollo del mercado con reformas estructurales generó distorsiones económicas y una desigualdad persistente.

## 3. Las reformas económicas cíclicas de Argentina

La historia económica de Argentina es un tapiz de alternancia entre el intervencionismo estatal y las políticas liberales de mercado. Estos cambios cíclicos generaron crecimiento a corto plazo, pero no lograron establecer la estabilidad a largo plazo necesaria para la creación secuencial de mercados prevista por la DSI.

La falta de una dirección política consistente resultó en volatilidad económica, lo que disuadió la inversión sostenida necesaria para avanzar a través de las etapas industriales.

## 4. El enfoque de Costa Rica en alta tecnología

Costa Rica se destaca por su enfoque en industrias de alta tecnología, atrayendo inversión extranjera directa a través de un entorno políticamente estable y una fuerza laboral altamente educada.

Sin embargo, si bien ha logrado avances en sectores como los dispositivos médicos y los productos farmacéuticos, el modelo ISD sugiere que, sin una base industrial sólida, esos avances podrían no ser suficientes para llevar a toda la economía a la siguiente etapa de desarrollo.

## 5. Evaluación de estrategias frente a los principios de la DSI

En cada caso, la desviación de los principios de la DSI *(desarrollo secuencial del mercado, reformas económicas integradas y enfoque en el empoderamiento de las MIPYME nacionales)* ha llevado a resultados mixtos.

Si bien ha habido focos de éxito, la falta de un enfoque coordinado y secuencial ha impedido que estos países hagan la transición al nivel de desarrollo económico observado en las naciones del Primer Mundo.

## Lecciones Aprendidas:

El paradigma DSI enfatiza la necesidad de una evolución inclusiva del mercado paso a paso que aproveche cada etapa anterior, creando una economía robusta y diversificada.

Las experiencias de México, Brasil, Argentina y Costa Rica ilustran los peligros de desviarse de este camino. Si bien cada país ha enfrentado desafíos únicos, surge una lección común: para un crecimiento sostenible a largo plazo, es esencial un enfoque estratégico y sistemático.

## Capítulo 8.2:

# Historias de éxito asiáticas: implementación de los principios de la DSI

En marcado contraste con América Latina, varias economías asiáticas han logrado un crecimiento notable mediante la implementación de principios alineados con la estrategia de Desarrollo Secuencial Industrial (DSI).

Este capítulo profundiza en las historias de éxito de Corea del Sur, Singapur, Taiwán y China, que se han adherido estrechamente a los principios de la DSI, lo que los ha llevado a emerger como potencias económicas.

## 1. La industrialización liderada por los Chaebol de Corea del Sur

La transformación de Corea del Sur de una nación devastada por la guerra a un líder global en tecnología y manufactura es un testimonio del marco de la DSI.

La estrecha colaboración del gobierno con los chaebols *(grandes conglomerados de propiedad familiar)* fue crucial.

Al fomentar un desarrollo secuencial de los mercados, comenzando desde las industrias ligeras hasta las industrias pesadas y químicas, Corea del Sur creó una economía avanzada y diversificada.

## 2. El salto de Singapur de Entrepôt a centro de alta tecnología

La trayectoria de Singapur de un simple centro comercial a un centro financiero y de alta tecnología es un ejemplo clásico de ISD en acción.

La visión estratégica del gobierno implicaba una mejora secuencial de la economía, con énfasis en la educación, la infraestructura y la atracción de corporaciones multinacionales mientras se desarrollaban empresas locales.

Esta estrategia secuencial permitió una transición fluida a lo largo de la cadena de valor.

## 3. El crecimiento impulsado por las PYME de Taiwán

El ascenso económico de Taiwán fue impulsado por una red dinámica de pequeñas y medianas empresas (MIPYME), que recibieron un apoyo considerable del gobierno en forma de préstamos, tecnología y promoción de exportaciones.

Al implementar el enfoque DSI, Taiwán transformó exitosamente su base agraria en un líder en la fabricación de productos electrónicos y semiconductores.

## 4. La política progresiva de puertas abiertas de China

El ascenso económico de China se ha caracterizado por un enfoque gradual para abrir su economía, en consonancia con los principios de la DSI. Comenzando con zonas económicas especiales, China se integró gradualmente a la economía global, manteniendo al mismo tiempo un nivel de dirección estatal que garantizaba estabilidad y dirección.

Esta estrategia guiada de creación de mercado impulsó a China a convertirse en la "fábrica del mundo".

116

# 5. Evaluación del enfoque de DSI en las economías asiáticas

Estas naciones asiáticas implementaron efectivamente los principios de DSI, mostrando una comprensión clara de que la creación de mercados es un bien público y requiere un desarrollo paso a paso respaldado por la estabilidad política y la confianza social.

El apoyo constante y a largo plazo a las políticas industriales, el desarrollo de infraestructura y el capital humano constituyó la base de su éxito.

## Perseverancia y Meritocracia:

Las narrativas económicas de Corea del Sur, Singapur, Taiwán y China resaltan la eficacia de la estrategia DSI cuando se aplica con disciplina y previsión.

Sus experiencias sirven como poderosos puntos de referencia para otras economías en desarrollo que buscan trazar un rumbo hacia un desarrollo económico sostenible e inclusivo.

La conclusión clave es la alineación exitosa de las políticas gubernamentales con la naturaleza secuencial de la evolución del mercado, una lección que podría resultar invaluable para los países latinoamericanos en su camino hacia la prosperidad económica.

117

**Capítulo 8.3:**

# Lecciones y conclusiones: voluntad política en la transformación económica

La divergencia económica entre los países asiáticos y latinoamericanos proporciona un rico depósito de lecciones, particularmente en relación con el papel de la voluntad política en la ejecución de estrategias de Desarrollo Secuencial Industrial (DSI).

Esta sección resume conclusiones cruciales del éxito de las economías asiáticas y las contrasta con la experiencia latinoamericana, enfatizando la orientación de la voluntad política como un factor decisivo.

## 1. Voluntad política para una visión de largo plazo

Los éxitos asiáticos reflejan una voluntad política alineada con una visión de desarrollo de largo plazo, que abarca la creación de mercados paso a paso por parte de la DSI. En contraste, el liderazgo político latinoamericano a menudo mostró un cortoplacismo, con políticas que oscilaban debido a los cambios de gobierno, lo que llevó a una discontinuidad en las estrategias económicas.

## 2. Coherencia y continuidad de las políticas

Corea del Sur y Singapur, por ejemplo, exhibieron una notable coherencia en la implementación de políticas, independientemente de los cambios políticos. Sus sistemas políticos fueron diseñados para apoyar la continuidad, lo cual es vital para el éxito del ISD.

119

Las economías latinoamericanas han sufrido la volatilidad de las políticas, lo que ha socavado el potencial de un progreso industrial sostenido.

### 3. Adoptar estratégicamente la globalización

Los países asiáticos aprovecharon la globalización abriendo sus economías de manera controlada y secuencial. Garantizaron que las industrias nacionales estuvieran preparadas para competir globalmente, mientras que muchas economías latinoamericanas experimentaron una exposición prematura a la competencia internacional, a menudo en detrimento de las industrias locales.

### 4. Educación y desarrollo del capital humano

La voluntad política de invertir en educación en las economías asiáticas aseguró una fuerza laboral capaz de avanzar a través de las etapas de ISD.

Históricamente, los países latinoamericanos han invertido insuficientemente en educación, particularmente en ciencia y tecnología, lo que ha sofocado su capacidad para ir más allá de las industrias primarias.

### 5. Estabilidad y confianza social

Los líderes asiáticos trabajaron para mantener la estabilidad y la confianza social, creando un entorno propicio para la DIS. Sin embargo, en América Latina, la inestabilidad política y la baja confianza social a menudo han desalentado la inversión y la aplicación consistente de políticas industriales.

## 6. El papel de la orientación estatal

Las economías asiáticas demostraron voluntad política para una orientación estatal en la creación de mercados, mientras que en América Latina ha habido una tendencia hacia políticas de laissez-faire o, por el contrario, una intervención estatal autoritaria sin objetivos industriales claros.

## 7. Sinergia gobierno-empresa

La sinergia entre el gobierno y los sectores empresariales en los países asiáticos estuvo marcada por la colaboración y los objetivos mutuos. La voluntad política latinoamericana a menudo chocó con los intereses empresariales, lo que generó relaciones de confrontación y una falta de progreso económico cohesivo.

## Una nueva clase política:

Los resultados contrastantes de las economías asiáticas y latinoamericanas subrayan la importancia crítica de la voluntad política para seguir los principios de la DSI.

Las naciones asiáticas, con sus políticas de largo plazo, estables y centradas en la educación, respaldadas por una relación de cooperación entre el Estado y el sector privado, han cosechado los beneficios de su enfoque.

Por lo tanto, el futuro de América Latina depende de la capacidad de sus líderes políticos para emular estas lecciones, fomentando una voluntad política que sea disciplinada, consistente y alineada con la naturaleza gradual del desarrollo del mercado inherente a la filosofía DSI.

# Capítulo 9:

# Desafíos y críticas al modelo DSI

## Capítulo 9.1:

# Posibles obstáculos: la dimensión cultural en la ISD

Al considerar los principios del Desarrollo Secuencial Industrial (DSI), los países latinoamericanos deben tener en cuenta factores culturales que pueden facilitar u obstaculizar este proceso.

Si bien el modelo DSI ha tenido éxito en varias economías asiáticas, las disparidades culturales sugieren que su implementación en América Latina podría enfrentar desafíos únicos.

### 1. Visión colectiva versus objetivos individualistas

Las culturas asiáticas a menudo se caracterizan por un ethos colectivo, que ha desempeñado un papel central en la alineación de la sociedad con los objetivos de desarrollo del Estado.

Las culturas latinoamericanas, con un mayor énfasis en el individualismo, pueden tener dificultades para fomentar el mismo nivel de aceptación colectiva de las estrategias económicas de largo plazo, lo que podría perturbar el enfoque unificado requerido para la DSI.

### 2. Respeto jerárquico versus escepticismo igualitario

La naturaleza jerárquica de muchas sociedades asiáticas puede conducir a una aceptación vertical de los mandatos gubernamentales, allanando el camino para las iniciativas de DSI. En contraste, las sociedades latinoamericanas tienden a ser más igualitarias y escépticas ante la autoridad.

125

Este escepticismo puede ser un obstáculo importante, ya que la DSI depende de un nivel de confianza en la capacidad del gobierno para planificar y ejecutar políticas industriales complejas y de largo plazo.

## 3. Orientación a largo plazo frente a políticas centradas en el presente

Las culturas asiáticas suelen ser reconocidas por su planificación a largo plazo, lo que se alinea bien con la naturaleza incremental de la DSI.

Sin embargo, la cultura política latinoamericana está frecuentemente impulsada por ciclos electorales de corto plazo y resultados inmediatos, lo que puede llevar a políticas inconsistentes y a una falta de persistencia en el seguimiento de las etapas de la DSI.

## 4. Adaptabilidad y paciencia

La adaptabilidad y la paciencia son virtudes profundamente arraigadas en muchas sociedades asiáticas, que permiten un progreso gradual y constante.

La expectativa de resultados rápidos en los países latinoamericanos puede generar impaciencia ante el ritmo lento y deliberado de la DSI, lo que lleva a presionar a los gobiernos para que abandonen la estrategia en busca de ganancias más inmediatas, aunque menos sostenibles.

## 5. Papel de la educación y la meritocracia

Los países asiáticos a menudo tienen en alta estima la educación y el avance meritocrático, lo cual ha sido crucial para ISD, ya que crea una fuerza laboral informada y líderes capaces. En América Latina, los problemas de acceso y calidad de la educación, junto con sistemas menos meritocráticos, podrían impedir el desarrollo del capital humano necesario para el éxito de ISD.

126

# 6. Enfrentar la corrupción y el nepotismo

Si bien ninguna región es inmune a la corrupción, ésta ha sido un problema particularmente generalizado en América Latina, que afecta la confianza en las instituciones públicas y la eficiencia de las iniciativas gubernamentales.

Por lo tanto, la voluntad política que requiere la DSI también debe dirigirse a combatir la corrupción y el nepotismo, que pueden estar profundamente arraigados en las prácticas culturales.

## Derrotar nuestras malas historias:

El camino hacia la adopción de la DSI en las economías latinoamericanas está plagado de complejidades culturales que podrían actuar como posibles obstáculos.

Para sortear estos obstáculos, se necesita un enfoque culturalmente sensible hacia el DSI, uno que respete los valores latinoamericanos y al mismo tiempo fomente la disciplina colectiva, la orientación a largo plazo y los principios meritocráticos necesarios para un desarrollo industrial exitoso.

Al reconocer y abordar estos factores culturales, América Latina puede posicionarse mejor para superar los obstáculos para implementar la DSI y allanar el camino para un progreso económico sostenible.

**Capítulo 9.2:**

# Críticas y contraargumentos - Evaluación del modelo DSI en América Latina

Si bien el modelo de Desarrollo Secuencial Industrial (DSI) ofrece un camino estructurado hacia el crecimiento económico, ha enfrentado varias críticas, particularmente acerca de su aplicabilidad en el contexto latinoamericano.

Este capítulo explora los principales contraargumentos y proporciona refutaciones basadas en el marco de la DSI.

## 1. La incompetencia gubernamental

Los críticos argumentan que el DSI sobreestima la competencia y benevolencia de los gobiernos latinoamericanos, muchos de los cuales tienen antecedentes de corrupción e ineficiencia.

### *Contraargumento:*

ISD reconoce estos desafíos e incorpora la necesidad de mejorar la gobernanza como un componente central. Aboga por el desarrollo de instituciones transparentes y responsables y pide una mayor participación pública para garantizar que la competencia gubernamental se alinee con los objetivos de la DSI.

## 2. El desafío de la coherencia

Los escépticos señalan que la naturaleza de largo plazo de la DSI entra en conflicto con la volatilidad política y económica de América Latina, que puede perturbar el desarrollo secuencial.

*Contraargumento:*

Si bien la volatilidad es una preocupación legítima, ISD hace hincapié en la creación de un entorno político sólido que pueda resistir los cambios políticos. Al crear un apoyo de base amplia e incorporar políticas en el tejido de la planificación económica nacional, el DSI busca fomentar la resiliencia ante los cambios políticos.

### 3. La incompatibilidad cultural

Algunos críticos creen que el modelo ISD es demasiado rígido y no toma en cuenta el tejido cultural y social diverso de América Latina, lo que potencialmente sofoca la innovación y el emprendimiento local.

*Contraargumento:*

La DSI no es un modelo único para todos, sino más bien un marco flexible que puede adaptarse a los contextos locales. Fomenta la innovación y el emprendimiento local proporcionando la infraestructura, la educación y los sistemas financieros necesarios para apoyar y escalar empresas exitosas.

### 4. Riesgo de extralimitación del Estado

Los detractores advierten sobre los riesgos asociados con una mayor intervención estatal en la economía, temiendo que pueda conducir a distorsiones del mercado y la supresión de las libertades individuales.

*Contraargumento:*

ISD aboga por un papel estratégico del Estado, no uno que lo abarque todo. Destaca la importancia del Estado para facilitar los mercados donde no hay suficiente oferta, en lugar de reemplazarlos. El objetivo es lograr un equilibrio entre la intervención estatal y las fuerzas del mercado.

# 5. Dependencia de factores externos

La crítica que se plantea a menudo es que la DSI depende en gran medida de mercados globales estables y de inversión extranjera, factores que escapan al control de cualquier país.

## *Contraargumento:*

Si bien los factores externos son efectivamente influyentes, el enfoque gradual de ISD apunta a desarrollar resiliencia interna y diversificación para mitigar estos riesgos. El desarrollo de un mercado interno y la inversión en capital humano tienen como objetivo reducir la dependencia de las condiciones externas.

## Perfeccionando lo Perfectible:

Las críticas a la DSI surgen de preocupaciones legítimas sobre la gobernanza, la diversidad cultural y la independencia económica en América Latina.

Sin embargo, los contraargumentos presentados por los defensores de la DSI subrayan la posible flexibilidad y resiliencia del modelo.

Al abordar las críticas de frente, la DSI puede perfeccionarse y adaptarse a las necesidades y aspiraciones únicas de las economías latinoamericanas, ofreciendo un camino viable hacia el desarrollo sostenible y el empoderamiento económico.

## Capítulo 9.3:

# Navegando los desafíos: DSI en medio de cambios geopolíticos

A medida que el panorama geopolítico evoluciona hacia un mundo multipolar, con organizaciones como BRICS ganando prominencia e iniciativas como la Asociación de las Américas para la Prosperidad Económica (APEP) tomando forma, los países latinoamericanos se enfrentan a nuevas oportunidades y desafíos.

Este capítulo profundiza en cómo estos desarrollos impactan la implementación del modelo de Desarrollo Secuencial Industrial (DSI) en la región.

## 1. El factor multipolaridad

El ascenso de los BRICS (Brasil, Rusia, India, China y Sudáfrica) presenta un paradigma geopolítico multipolar que ofrece a los países latinoamericanos una alternativa a los modelos tradicionales de desarrollo liderados por Occidente.

*Desafío:* Alinearse con bloques multipolares podría introducir nuevas dependencias y alineamientos políticos que podrían complicar la adhesión a los principios de la DSI que enfatizan la autonomía en el desarrollo.

*Navegando el desafío:* Para aprovechar la multipolaridad, los países latinoamericanos deben comprometerse con los BRICS con objetivos estratégicos claros que se alineen con sus propias metas de ISD, asegurando que las asociaciones se formen en términos que impulsen sus planes de desarrollo sin crear nuevas dependencias.

## 2. La Iniciativa APEP

La Asociación de las Américas para la Prosperidad Económica tiene como objetivo fomentar la integración económica y la cooperación en todo el continente, alineándose estrechamente con los objetivos de ISD en términos de creación de mercados y desarrollo.

*Desafío:* La iniciativa, liderada por Estados Unidos, puede verse como un intento de contrarrestar la influencia china en la región, lo que podría generar tensiones geopolíticas que compliquen la planificación y la cooperación económicas.

*Navegando el desafío:* Los países latinoamericanos deberían abordar la APEP como una oportunidad para mejorar su infraestructura económica, diversificar sus asociaciones y atraer inversiones en línea con las estrategias de DSI. Equilibrar las relaciones con Estados Unidos y China será crucial para mantener la soberanía sobre sus vías de desarrollo.

## 3. Autonomía estratégica

Frente a estos cambios geopolíticos, mantener la autonomía estratégica se vuelve primordial para la implementación exitosa de la DSI.

*Desafío:* Existe el riesgo de que la adopción de la DSI pueda verse influida por los intereses geopolíticos de potencias más grandes, lo que podría desviar las estrategias de desarrollo del enfoque secuencial e inclusivo que defiende la DSI.

*Navegando el desafío:* Los países latinoamericanos necesitan establecer planes de desarrollo claros y de largo plazo que utilicen alianzas internacionales para apoyar sus propios objetivos de DSI.

134

Esto puede implicar la creación de alianzas dentro de la región para reforzar el poder de negociación y garantizar que las influencias externas no descarrilen las agendas de desarrollo internas.

## Navegando la Multipolaridad

El mundo multipolar y las iniciativas como APEP traen oportunidades y desafíos a los países latinoamericanos que buscan implementar la DSI.

La clave para afrontar estos desafíos reside en la autonomía estratégica, garantizando que los compromisos internacionales estén al servicio de una estrategia de desarrollo local, inclusiva y sostenible.

Al hacerlo, las naciones latinoamericanas pueden aprovechar el cambiante panorama geopolítico, convirtiendo los obstáculos potenciales en peldaños en el camino hacia el desarrollo.

# Capítulo 10:

# Implementando DSI en la América Latina moderna

## Capítulo 10.1:

# Adaptación de la DSI a contextos latinoamericanos únicos

El tejido latinoamericano, rico en diversidad cultural, variedad geográfica y complejidad histórica, exige un enfoque de Desarrollo Industrial Secuencial (DSI) matizado y adaptable.

La implementación de ISD en la región no puede seguir una estrategia única para todos, sino que debe adaptarse a las complejidades de cada nación y sus contextos locales.

### 1. Reconocer la diversidad dentro de la uniformidad

Los rasgos históricos y culturales compartidos por América Latina enmascaran la profunda diversidad que se encuentra dentro de las fronteras nacionales.

*Estrategia de adaptación:* Cada país, y de hecho cada región dentro de un país, debe realizar auditorías exhaustivas de recursos y evaluaciones socioculturales para identificar atributos únicos que puedan influir en la implementación de la DSI. Este enfoque de base garantiza que ISD aproveche las fortalezas locales y respete las particularidades culturales.

## 2. Los recursos locales como catalizadores del desarrollo

Dotados de una abundancia de recursos naturales, los países latinoamericanos tienen diversas bases económicas que deben informar las estrategias de DSI.

*Estrategia de adaptación:* Los gobiernos deberían priorizar el desarrollo de industrias locales que puedan agregar valor a estos recursos, desde las bioindustrias amazónicas hasta la minería andina. Estas industrias deben integrarse en el marco más amplio de la DSI, garantizando que contribuyan a la trayectoria de desarrollo más amplia.

## 3. Implementación sistemática de la DSI a través de la diversidad

Al tiempo que se adaptan los enfoques a los contextos locales, debe haber un esfuerzo concertado para sistematizar la DSI para garantizar la coherencia y eficacia en todas las regiones.

*Estrategia de adaptación:* el desarrollo de directrices nacionales de DSI que sean lo suficientemente flexibles como para adaptarse localmente puede proporcionar un marco coherente. Dichas directrices establecerían objetivos, puntos de referencia y enfoques metodológicos claros que los gobiernos regionales y las industrias locales pueden personalizar.

## 4. Gobernanza y participación local

Las estructuras de gobernanza eficaces son fundamentales para el éxito de ISD. Sin embargo, las poblaciones locales también deben participar en el proceso para garantizar que el desarrollo refleje sus necesidades y aspiraciones.

*Estrategia de adaptación:* Desarrollar modelos de gobernanza regional que permitan la toma de decisiones locales en el marco del DSI. Fomentar la gobernanza participativa garantizará que las iniciativas de ISD cuenten con la aceptación local y se adapten mejor a las necesidades de la comunidad.

## Fortaleza en la diversidad:

Adaptar la DSI a los contextos únicos de los países latinoamericanos requiere una comprensión matizada de las particularidades de cada región.

Al reconocer la rica diversidad dentro de su cultura compartida y utilizar recursos locales y una gobernanza participativa, América Latina puede sistematizar el DSI de una manera unificada en sus objetivos y adaptada a sus variados temas.

Al hacerlo, puede forjar un camino de desarrollo sostenible e inclusivo fiel al espíritu y las particularidades de sus tierras y pueblos.

## Capítulo 10.2:

# Posibles partes interesadas y asociaciones

La ejecución exitosa de una estrategia de Desarrollo Secuencial Industrial (DSI) en contextos latinoamericanos depende del compromiso y la colaboración de un amplio espectro de partes interesadas.

Estas partes interesadas, que van desde comunidades locales hasta socios internacionales, aportan fortalezas y recursos únicos que son vitales para el desarrollo integral de la región.

## 1. Identificación de partes interesadas clave

Una parte interesada en el proceso de DSI puede ser cualquier grupo o entidad que tenga un interés o se vea afectado por los resultados del desarrollo.

*Estrategia de participación:* Es esencial crear un mapa de partes interesadas que identifique a líderes comunitarios, empresas locales, ONG, instituciones académicas, inversores internacionales y entidades gubernamentales. Este mapeo permitirá estrategias de participación específicas que consideren las motivaciones y capacidades de cada parte interesada.

## 2. Comunidades locales y grupos indígenas

Las poblaciones locales, en particular las comunidades indígenas, no son sólo beneficiarios sino también custodios del conocimiento y los recursos locales.

*Enfoque de asociación:* Fomentar asociaciones que se basen en el respeto, la transparencia y el beneficio mutuo. Garantizar que estas comunidades tengan voz en la planificación y ejecución de proyectos de desarrollo, con especial énfasis en prácticas sostenibles.

## 3. Participación del sector privado

El sector privado, tanto los empresarios locales como las corporaciones internacionales, desempeña un papel crucial a la hora de proporcionar la inversión y la innovación necesarias para la DSI.

*Enfoque de asociación:* Incentivar la participación del sector privado a través de beneficios fiscales, asociaciones público-privadas (APP) y garantizando un entorno empresarial estable y propicio.

## 4. Academia e investigación

Las universidades y las instituciones de investigación son valiosas por su experiencia en tecnología, análisis de mercado y desarrollo de políticas.

*Enfoque de asociación:* Fomentar iniciativas de investigación colaborativa, acuerdos de transferencia de tecnología y el establecimiento de centros de innovación que puedan proporcionar la columna vertebral empírica para las políticas y prácticas de ISD.

144

# 5. Agencias internacionales

Las entidades extranjeras pueden ofrecer la financiación, la experiencia y el acceso al mercado necesarios que son esenciales para el alcance más amplio de ISD.

*Enfoque de asociación:* colaborar con agencias de desarrollo internacionales, gobiernos extranjeros y organizaciones multilaterales para asegurar inversiones, asistencia técnica y acceso a los mercados globales. Centrarse en crear acuerdos que se alineen con los objetivos de desarrollo a largo plazo de DSI.

# 6. Organizaciones no gubernamentales (ONG)

Las ONG pueden ser fundamentales en la defensa de los intereses comunitarios, la protección ambiental y las prácticas de desarrollo equitativas.

*Enfoque de asociación:* trabajar junto con las ONG para garantizar que las iniciativas de ISD sean socialmente responsables y ambientalmente sostenibles. Las ONG también pueden desempeñar un papel en el seguimiento y evaluación del progreso de las iniciativas de DSI para garantizar la rendición de cuentas.

## Importancia de la Transversalidad

El mosaico de actores potenciales en la estrategia DSI en América Latina es tan diverso como la región misma. Es fundamental elaborar un enfoque de múltiples partes interesadas que valore la asociación, el diálogo inclusivo y los objetivos compartidos. Es a través de estos esfuerzos de colaboración que el DSI puede adaptarse eficazmente a los contextos latinoamericanos, asegurando que el desarrollo no sólo sea sostenible e innovador sino también equitativo y refleje el rico tejido cultural de la región.

## Capítulo 10.3:

# Metas a corto y largo plazo

Al configurar la trayectoria del Desarrollo Secuencial Industrial (DSI) de las economías latinoamericanas, es imperativo establecer objetivos claros a corto y largo plazo.

Estos objetivos deben articular una visión del desarrollo que sea a la vez aspiracional y basada en medidas prácticas para su realización.

## 1. Metas a corto plazo: sentar las bases

### 1.1 Reforma de políticas y preparación institucional

- Revisar y reformar los marcos políticos para permitir estrategias de DSI.
- Agilizar los procesos gubernamentales que faciliten el crecimiento de las PYMES y la innovación industrial.

### 1.2 Educación y desarrollo de habilidades

- Implementar reformas educativas que se alineen con las necesidades de una economía en proceso de modernización.
- Invertir en formación profesional que prepare a la fuerza laboral para los avances industriales y tecnológicos.

### 1.3 Desarrollo de infraestructura

- Priorizar la construcción y modernización de infraestructura crítica como transporte, comunicaciones y energía.

## 1.4 Iniciativas de inclusión social

- Lanzar programas destinados a reducir la desigualdad y garantizar que los beneficios económicos lleguen a todos los segmentos de la sociedad.

## 1.5 Estableciendo puntos de referencia para el progreso

- Establecer indicadores mensurables para el desarrollo en un marco de 5 años.

## 2. Metas a largo plazo: hacer realidad la visión

## 2.1 Diversificación y complejidad económica

- Lograr una economía diversificada con cadenas de valor complejas que mejoren la ventaja competitiva de la nación.

## 2.2 Sostenibilidad Ambiental

- Integrar prácticas sostenibles en el desarrollo industrial, asegurando un equilibrio entre el crecimiento económico y la gestión ambiental.

## 2.3 Avance Tecnológico

- Fomentar una cultura de innovación que conduzca a avances tecnológicos locales y una mayor productividad.

## 2.4 Mejoras en la equidad social y la calidad de vida

- Alcanzar mejoras tangibles en la calidad de vida, evidenciadas en métricas de salud, educación e ingresos.

## 2.5 Integración Regional y Posicionamiento Global

- Establecer a América Latina como un bloque económico cohesivo con fuertes vínculos con los mercados globales.

## 2.6 Preservación y Promoción Cultural

- Asegurar que el desarrollo respete e integre el rico patrimonio cultural de América Latina, promoviéndolo como un valor intrínseco en la economía global.

# La Indispensabilidad del DSI

Los objetivos a corto plazo están orientados a crear un entorno propicio para el DSI, abordar los desafíos inmediatos y preparar a la población para los cambios venideros.

Los objetivos a largo plazo contemplan una región transformada que prospere gracias a la innovación, la sostenibilidad y la inclusión social.

La interacción entre estos objetivos de corto y largo plazo es esencial, ya que las acciones inmediatas construyen el camino hacia el futuro previsto, sentando las bases para que América Latina forje su lugar en la economía global con una identidad industrial distintiva y sólida.

# Conclusión

## Conclusión:

# La DSI y el camino a seguir para América Latina: oportunidades e imperativos

### Un nuevo amanecer para América Latina

El recorrido por los contornos del Desarrollo Secuencial Industrial (DSI) revela más que una estrategia; ilumina un camino hacia el renacimiento de las naciones latinoamericanas.

Mientras nos encontramos en la cúspide de esta agenda transformadora, nos corresponde aprovechar las energías colectivas de estas sociedades vibrantes y canalizarlas hacia un crecimiento sostenible e inclusivo.

### Las oportunidades reveladas

DSI ha dejado al descubierto la riqueza de oportunidades que aguardan a América Latina. Hay una promesa en sus variados ecosistemas, una chispa dentro de sus diversas culturas y un potencial sin explotar en su diligente fuerza laboral.

Al adoptar los principios de la DSI, América Latina no se limita a ponerse al día; da un salto hacia un futuro en el que da forma a las tendencias globales en innovación, sostenibilidad y desarrollo social.

### Los imperativos de la acción

El camino que tenemos por delante no está exento de imperativos. El llamado a una gobernanza sólida, instituciones duraderas y un sistema educativo fortalecido no es un susurro sino un rugido.

Es imperativo que los líderes políticos y empresariales defiendan la causa de la reforma con un compromiso inquebrantable con el bien público.

## La inclusión social como piedra angular

El DSI exige un futuro en el que nadie se quede atrás. El tejido de América Latina debe estar tejido con los hilos de la inclusión social, asegurando que cada paso en el progreso económico vaya acompañado de avances en la dignidad y la equidad humanas.

Ésta es la piedra angular sobre la que debe construirse el edificio de una nueva América Latina.

## Abrazar la frontera digital

La revolución digital presenta una oportunidad incomparable para que los países latinoamericanos superen etapas de desarrollo.

Al invertir en infraestructura digital y educación, la región puede desbloquear un nuevo paradigma de industrialización que sea a la vez avanzado y humano.

## Sostenibilidad: un pacto con el futuro

La sostenibilidad no es una elección sino un imperativo existencial. El enfoque de América Latina hacia la DSI debe estar imbuido de un respeto por la naturaleza y un compromiso con las prácticas renovables.

Este pacto con el futuro es el que salvaguardará la biodiversidad de la región y el bienestar del planeta.

## Unidad en la diversidad

La fuerza de América Latina reside en su diversidad. ISD reconoce el poder de esta diversidad y pide una unidad que no homogeneice, sino que armonice el mosaico de culturas, recursos y aspiraciones de toda la región.

## La voluntad colectiva

El camino por delante para América Latina debe estar pavimentado con la voluntad colectiva de su gente.

Es un camino que pasa por el reconocimiento de las lecciones pasadas, las realidades de los desafíos presentes y los sueños de las generaciones futuras.

## Aprovechar el momento

Este es el momento que América Latina debe aprovechar: un momento plagado de desafíos, pero resplandeciente de posibilidades.

Ante la mirada del mundo, la región tiene la oportunidad de demostrar que el desarrollo no es un mero aumento de la riqueza sino una mejora integral de la sociedad.

## El legado del DSI

El legado de la DSI para América Latina se medirá no por los beneficios inmediatos de la industrialización sino por la armonía sostenida del progreso económico, social y ambiental.

Es un legado que puede redefinir la esencia del progreso y la prosperidad tanto en el escenario regional como en el global.

## Un llamado a la acción

Que este libro no sea simplemente una colección de ideas sino un llamado a la acción.

Para los gobiernos, las empresas, la sociedad civil y todos los ciudadanos de América Latina, el camino por delante es colectivo, las responsabilidades compartidas y las recompensas, abundantes.

Es hora de avanzar, con la ISD como nuestra brújula, hacia un futuro que corresponda a la grandeza y el espíritu de América Latina.

---

*Así cerramos el círculo del arco narrativo que comenzó con una exploración del contexto histórico, el establecimiento de marcos teóricos y la delineación de estrategias prácticas.*

*El llamado a la DSI no es sólo un llamado a la reforma económica; es un llamado a un renacimiento cultural, un resurgimiento político y, sobre todo, una reafirmación del indomable espíritu latinoamericano.*

# Para lecturas adicionales y referencias

Aquí hay una lista sugerida categorizada por temas relevantes:

## Desarrollo económico y teorías:


1. Acemoglu, Daron y James A. Robinson. "Por qué fracasan las naciones: los orígenes del poder, la prosperidad y la pobreza". Negocio de la Corona, 2012.
2. Rodrik, Dani. "Una economía, muchas recetas: globalización, instituciones y crecimiento económico". Prensa de la Universidad de Princeton, 2007.
3. Chang, Ha-Joon. "Pateando la escalera: estrategia de desarrollo en una perspectiva histórica". Prensa de himno, 2002.


## Historia económica y actualidad latinoamericana:


4. Bulmer-Thomas, Víctor. "La Historia Económica de América Latina desde la Independencia". Prensa de la Universidad de Cambridge, 2003.
5. Edwards, Sebastián. "Dejados atrás: América Latina y la falsa promesa del populismo". Prensa de la Universidad de Chicago, 2010.


## Desarrollo económico asiático:


6. Studwell, Joe. "Cómo funciona Asia: éxito y fracaso en la región más dinámica del mundo". Prensa Grove, 2013.
7. Koo, Richard C. "El Santo Grial de la macroeconomía: lecciones de la gran recesión de Japón". John Wiley e hijos, 2009.

# Política Industrial y DSI:

8. Amsden , Alice H. "El próximo gigante de Asia: Corea del Sur y la industrialización tardía". Prensa de la Universidad de Oxford, 1989.

9. Johnson, Chalmers. "MITI y el milagro japonés: el crecimiento de la política industrial, 1925-1975". Prensa de la Universidad de Stanford, 1982.

# Economía política y gobernanza:

10. Norte, Douglass C., John Joseph Wallis y Barry R. Weingast. "Violencia y órdenes sociales: un marco conceptual para interpretar la historia humana registrada". Prensa de la Universidad de Cambridge, 2009.

11. Fukuyama, Francisco. "Orden político y decadencia política: de la revolución industrial a la globalización de la democracia". Farrar, Straus y Giroux, 2014.

# Pequeñas y Medianas Empresas (MIPYMES):

12. Hallberg, Kristin. "Una estrategia orientada al mercado para las pequeñas y medianas empresas". Corporación Financiera Internacional, 2000.

13. Ayyagari, Meghana, Demirguc-Kunt, Asli y Maksimovic, Vojislav. "Empresas pequeñas versus empresas jóvenes en todo el mundo: contribución al empleo, la creación de empleo y el crecimiento". Documento de trabajo sobre investigación de políticas, Banco Mundial, 2011.

# Aspectos Culturales y Desarrollo Económico:

14. Harrison, Lawrence E. y Samuel P. Huntington. "La cultura importa: cómo los valores dan forma al progreso humano". Libros básicos, 2000.

15. Landes, David S. "La riqueza y la pobreza de las naciones: por qué algunas son tan ricas y otras tan pobres". WW Norton & Company, 1998.

## Metodología y fuentes de datos:

16. Deaton, Angus. "El análisis de las encuestas de hogares: un enfoque microeconométrico de la política de desarrollo". Banco Mundial, 1997.
17. Banco Mundial. "Informe sobre el desarrollo mundial". Varios años.

## Estudios de caso:

18. Varios autores. "Estudios de caso sobre desarrollo económico". Publicación de la Escuela de Negocios de Harvard, varios años.

## Críticas a las estrategias de desarrollo:

19. Del este, William. "La carga del hombre blanco: por qué los esfuerzos de Occidente para ayudar al resto han hecho tanto mal y tan poco bien". Libros de pingüinos, 2006.
20. Moyo, Dambisa. "Ayuda muerta: por qué la ayuda no funciona y cómo existe una mejor manera para África". Farrar, Straus y Giroux, 2009.

## Geopolítica y Relaciones Internacionales:

21. Zakaria, Fareed. "El mundo post americano." WW Norton & Company, 2008.
22. Stiglitz, Joseph E. y Mary Kaldor. "La búsqueda de la seguridad: protección sin proteccionismo y el desafío de la gobernanza global". Prensa de la Universidad de Columbia, 2013.

*Estas lecturas abarcan un amplio espectro de perspectivas y disciplinas, desde la historia hasta la economía y las ciencias políticas, y ofrecen una visión multifacética de los factores complejos que influyen en el desarrollo económico, particularmente en el contexto de América Latina y perspectivas comparativas de las economías asiáticas. Cada uno de estos trabajos puede proporcionar más evidencia, estudios de casos o fundamentos teóricos para los conceptos y estrategias discutidos en su libro.*

# Glosario de términos

**Reforma Agraria:** La redistribución de la tierra de los grandes terratenientes a los agricultores sin tierra o arrendatarios, típicamente asociada con reformas sociales y económicas más amplias.

**Big Push:** Teoría de la economía del desarrollo que aboga por inversiones sustanciales y simultáneas en múltiples sectores para lograr una rápida industrialización y crecimiento económico.

**BRICS:** Acrónimo de una asociación de cinco importantes economías nacionales emergentes: Brasil, Rusia, India, China y Sudáfrica.

**Democracia:** Sistema de gobierno donde los ciudadanos ejercen el poder mediante el voto.

**Prosperidad Económica:** Un estado de riqueza o éxito que permite a un país mantener una alta calidad de vida para sus ciudadanos.

**Endógeno:** Que tiene una causa u origen interno, a menudo refiriéndose al crecimiento económico impulsado por factores internos dentro de un país.

**Gobernanza:** Las tradiciones, instituciones y procesos que determinan cómo se ejerce el poder, cómo se da voz a los ciudadanos y cómo se toman decisiones sobre cuestiones de interés público.

**Industria pesada:** Industria que implica la producción a gran escala y la fabricación de bienes que requieren una gran inversión de capital y que a menudo implican procesos de fabricación complejos.

**Capital humano:** el valor económico de la experiencia y las habilidades de un trabajador, incluidos factores como educación, capacitación, inteligencia, habilidades, salud y otras cosas que los empleadores valoran, como la lealtad y la puntualidad.

**Política industrial:** políticas dirigidas por el gobierno destinadas a mejorar la ventaja competitiva y las capacidades de las industrias nacionales.

**Keynesiano:** Relativo a las teorías económicas de John Maynard Keynes, especialmente aquellas que defienden programas monetarios y fiscales gubernamentales diseñados para aumentar el empleo y estimular la actividad empresarial.

**Laissez-Faire:** Un sistema económico en el que las transacciones entre partes privadas están libres de intervención gubernamental, como regulaciones, privilegios, aranceles y subsidios.

**Meritocrático:** Un sistema en el que el avance se basa en la capacidad o el logro individual.

**Proto-industrial:** fase de industrialización que precede y conduce a la industrialización total, a menudo caracterizada por industrias artesanales y manufacturas en pequeña escala.

**Bienes públicos:** Servicios o productos proporcionados por el gobierno o una entidad pública y que están disponibles para que todos los ciudadanos los utilicen sin competencia por el consumo.

**Estado de bienestar orientado a servicios:** Un sistema social en el que el Estado asume la responsabilidad principal por el bienestar de sus ciudadanos, incluidos servicios como la educación, la atención médica y el empleo.

**Mipyme (Pequeñas y Medianas Empresas):** Empresas cuyo número de personal cae por debajo de ciertos límites, a menudo caracterizados por el número de empleados o por el balance.

**Confianza social:** la confianza en la sociedad, las instituciones y el entorno político; un componente fundamental del capital social.